# A REFORMA TRABALHISTA E A CONSTITUIÇÃO DE 1988

## A LEI Nº 13.467, DE 13.07.2017, E SUAS PRINCIPAIS CONSEQUÊNCIAS PARA O DIREITO DO TRABALHO

FRANCISCO CAVALCANTI

Walber de Moura Agra
*Apresentação*

# A REFORMA TRABALHISTA E A CONSTITUIÇÃO DE 1988

## A LEI Nº 13.467, DE 13.07.2017, E SUAS PRINCIPAIS CONSEQUÊNCIAS PARA O DIREITO DO TRABALHO

Belo Horizonte

2018

© 2018 Editora Fórum Ltda.

É proibida a reprodução total ou parcial desta obra, por qualquer meio eletrônico, inclusive por processos xerográficos, sem autorização expressa do Editor.

## Conselho Editorial

Adilson Abreu Dallari
Alécia Paolucci Nogueira Bicalho
Alexandre Coutinho Pagliarini
André Ramos Tavares
Carlos Ayres Britto
Carlos Mário da Silva Velloso
Cármen Lúcia Antunes Rocha
Cesar Augusto Guimarães Pereira
Clovis Beznos
Cristiana Fortini
Dinorá Adelaide Musetti Grotti
Diogo de Figueiredo Moreira Neto
Egon Bockmann Moreira
Emerson Gabardo
Fabrício Motta
Fernando Rossi
Flávio Henrique Unes Pereira

Floriano de Azevedo Marques Neto
Gustavo Justino de Oliveira
Inês Virgínia Prado Soares
Jorge Ulisses Jacoby Fernandes
Juarez Freitas
Luciano Ferraz
Lúcio Delfino
Marcia Carla Pereira Ribeiro
Márcio Cammarosano
Marcos Ehrhardt Jr.
Maria Sylvia Zanella Di Pietro
Ney José de Freitas
Oswaldo Othon de Pontes Saraiva Filho
Paulo Modesto
Romeu Felipe Bacellar Filho
Sérgio Guerra
Walber de Moura Agra

Luís Cláudio Rodrigues Ferreira
Presidente e Editor

Coordenação editorial: Leonardo Eustáquio Siqueira Araújo

Av. Afonso Pena, 2770 – 15º andar – Savassi – CEP 30130-012
Belo Horizonte – Minas Gerais – Tel.: (31) 2121.4900 / 2121.4949
www.editoraforum.com.br – editoraforum@editoraforum.com.br

---

C376r    Cavalcanti, Francisco

A reforma trabalhista e a Constituição de 1988: a Lei nº 13.467, de 13.07.2017, e suas principais consequências para o direito do trabalho / Francisco Cavalcanti. – Belo Horizonte: Fórum, 2018.

148 p.

ISBN: 978-85-450-0417-2

1. Direito Trabalhista. 2. Direito Constitucional. I. Título.

CDD 342.6
CDU 349.2

---

Informação bibliográfica deste livro, conforme a NBR 6023:2002 da Associação Brasileira de Normas Técnicas (ABNT):

CAVALCANTI, Francisco. *A reforma trabalhista e a Constituição de 1988:* a Lei nº 13.467, de 13.07.2017, e suas principais consequências para o direito do trabalho. Belo Horizonte: Fórum, 2018. 148 p. ISBN 978-85-450-0417-2.

*Dedico esse singelo trabalho a Alice, Henrique e Beatriz Cavalcanti.*

*Três razões para viver.*

# SUMÁRIO

**APRESENTAÇÃO**
**UMA APRESENTAÇÃO PARA QUEM NÃO PRECISA DE APRESENTAÇÃO**
Walber de Moura Agra ................................................................. 9

**INTRODUÇÃO** ............................................................................ 13

**CAPÍTULO 1**
**DOS GRUPOS EMPRESARIAIS E OUTRAS QUESTÕES** ................... 17

**CAPÍTULO 2**
**DOS AFASTAMENTOS TEMPORAIS, DA PERMANÊNCIA DO EMPREGADO NA SEDE DO ESTABELECIMENTO EMPREGADOR** ............................................................................ 21

**CAPÍTULO 3**
**AS INOVAÇÕES ACERCA DAS FONTES DO DIREITO DO TRABALHO** ......................................................................... 23

**CAPÍTULO 4**
**DA RESPONSABILIDADE DOS SÓCIOS RETIRANTES** ................... 29

**CAPÍTULO 5**
**DAS ALTERAÇÕES EM RELAÇÃO À PRESCRIÇÃO** ........................ 35

**CAPÍTULO 6**
**DAS MODIFICAÇÕES EM RELAÇÃO AO DIREITO DO TRABALHO SANCIONADOR, AO REGRAMENTO DE DESLOCAMENTO E AO TRABALHO EM REGIME PARCIAL** ............................................................... 39
6.1  Do deslocamento dos empregados .......................................... 40

**CAPÍTULO 7**
**O NOVEL REGRAMENTO DAS HORAS EXTRAS E DO HORÁRIO INTRAJORNADAS** ..................................................... 45

**CAPÍTULO 8**
**INOVAÇÕES NO REGRAMENTO DO TELETRABALHO** ................. 51
8.1  Das alterações no regime de férias .......................................... 55

CAPÍTULO 9
DO DANO EXTRAPATRIMONIAL .................................................................. 59

CAPÍTULO 10
INOVAÇÕES RELACIONADAS À INSALUBRIDADE E AO
TRABALHO AUTÔNOMO E INTERMITENTE ............................................ 65

CAPÍTULO 11
DA PREVALÊNCIA DAS CONVENÇÕES E ACORDOS
SOBRE A LEI ........................................................................................................ 71

CAPÍTULO 12
DA RESPONSABILIDADE POR SUCESSÃO ................................................ 77

CAPÍTULO 13
DOS FARDAMENTOS E DAS VESTIMENTAS FUNCIONAIS,
DAS EQUIPARAÇÕES E OUTROS TEMAS .................................................. 81

CAPÍTULO 14
DAS ALTERAÇÕES NO TOCANTE À EXTINÇÃO DO
CONTRATO DE TRABALHO ............................................................................ 87

CAPÍTULO 15
DA INTRODUÇÃO DA ARBITRAGEM NAS RELAÇÕES
TRABALHISTAS, DAS QUITAÇÕES PARCIAIS, DAS
REPRESENTAÇÕES DOS EMPREGADOS E DAS
CONTRIBUIÇÕES SINDICAIS ......................................................................... 93
15.1 Da quitação anual de direitos trabalhistas .................................... 95
15.2 Das contribuições sindicais obrigatórias ....................................... 97
15.3 Ainda o direito sindical: contribuições, convenções
     e outras questões ................................................................................ 98

CAPÍTULO 16
INOVAÇÕES NO DIREITO PROCESSUAL DO TRABALHO ............... 107
16.1 Do processo de jurisdição voluntária .......................................... 117

CAPÍTULO 17 ..................................................................................................... 121
DAS ALTERAÇÕES EM RELAÇÃO AOS SERVIÇOS
TEMPORÁRIOS ................................................................................................ 121
17.1 A *vacatio legis* ................................................................................... 126

BREVÍSSIMAS CONCLUSÕES ...................................................................... 127

ANEXO

TEXTO INTEGRAL DA LEI DA "REFORMA TRABALHISTA" ........ 131

APRESENTAÇÃO

# UMA APRESENTAÇÃO PARA QUEM NÃO PRECISA DE APRESENTAÇÃO

No Brasil, é curial apresentar as reformas como se fosse um elixir para a superação de impasses profundos e complexos da sociedade. O ornitorrinco, na metáfora de Francisco Oliveira, que é um animal totalmente disforme, sintetiza os problemas vivenciados, em que parte da população vivencia a revolução molecular-tecnológica e parte ainda não tem acesso à Revolução Industrial. A questão agrava-se mais ainda quando essas reformas não são debatidas com amplos setores da sociedade, são formuladas em círculos restritos, representando os interesses de determinados setores econômicos.

A aprovação da reforma trabalhista obedeceu ao delineado nessas linhas anteriores. Foi vendida como um requisito para a diminuição do índice de desemprego e o aumento da produtividade. Contando com o apoio do setor financeiro e empresarial, não foi devidamente discutida com os sindicatos e trabalhadores, sendo votada através de um rolo compressor, com a justificativa de ser uma contribuição para a saída da grave recessão que já dura mais de três anos.

A importância de um amplo debate sobre essa temática se configura imperiosa para a suplantação dos impasses que estorvam o desenvolvimento. Tem-se um mercado de trabalho com muita informalidade, com um grande número de sindicatos, mas que não conseguem defender os reais interesses de expressivos setores da economia e uma mão de obra extremamente desqualificada. O que faz com que qualquer alteração normativa nessa seara acarrete sérias consequências.

Parece que o viés da reforma trabalhista implementada foi o de precarizar as relações laborais, baixando o custo da mão de obra, aumentando a rotatividade e retirando algumas prerrogativas dos trabalhadores; a possibilidade do trabalho intermitente ilustra bem o fator teleológico das mencionadas alterações.

Diante desse contexto empírico, em que as saídas da hodierna crise passam pelo aviltamento de prerrogativas dos hipossuficientes sociais, o professor Francisco Queiroz revela toda a sua sensibilidade social e desenvolve os seus argumentos críticos – todos de elevada racionalidade e razoabilidade.

Difícil falar de alguém que qualquer tipo de apresentação se mostra despicienda. O professor titular da Faculdade de Direito do Recife, o juiz do trabalho, o juiz federal, o desembargador, o autor e o advogado, amalgamados em traços retilíneos de conduta moral, faz com que sua trajetória seja reconhecida e admirada em todos os rincões da federação.

Este novo rebento intelectual segue a mesma senda dos outros trabalhos intelectuais que consolidaram o seu nome no circuito da *intelligentsia* nacional. Apenas que a característica insólita desse trabalho é o sentimento de perplexidade e mal-estar com os rumos da nação, expressando sua contribuição para o debate que deve existir para que as reformas sejam um estímulo para o aprimoramento das instituições, relegando o seu caráter de entronização do *status quo* de setores já aquinhoados pelo nosso modelo de caráter elitista e excludente.

A reforma trabalhista emerge num cenário em que os grandes grupos econômicos atuam para manter e instigar as desigualdades sociais, consubstanciando manobra à redução de custos da atividade econômica, não importando quais os efeitos sociais que essas medidas causarão. A dita reforma representa uma fórmula de redução dos custos trabalhistas, manobra cuja moeda de troca é o "fundo social". A reforma é feita por um legislador inebriado, que o autor, com lucidez, caracteriza de imediatista, míope, incapaz de enxergar que inexiste lucratividade em longo prazo.

Após análise do conceito de grupos empresariais e suas questões, bem como do regramento dos afastamentos temporários e da permanência no estabelecimento, Francisco Queiroz discorre acerca das fontes do Direito do Trabalho, passando às questões da responsabilidade dos sócios retirantes, matéria que teve como finalidade introduzir dispositivo que limita a responsabilidade do sócio que deixa o quadro societário, consolidando a jurisprudência mais liberal sobre o tema. Em seguida, estuda as alterações que o instituto da prescrição sofrera, tendo sido criada obrigação adicional ao empregado no impulsionamento do processo, restando estabelecido um anacronismo ante a ampliação do elenco de direitos decorrentes de negociação, acordo ou convenção, e o concomitante alargamento da forma de prescrição.

Em sede de análise das modificações referentes ao Direito do Trabalho sancionador, ao regramento de deslocamento e ao trabalho em tempo parcial, ressaltou-se que a nova normativa cria situações de remuneração menor, por redução da carga horária dos contratos de trabalho, estabelecendo um regime que pode tornar-se bastante usual em um país com grande oferta de mão de obra.

No mesmo sentido, do regramento das horas extras e entre jornadas emerge a crítica à possibilidade de ter-se hora extra habitual, tendo sido fortalecida a absurda desigualdade entre os dois polos da relação contratual, possibilitado o ajuste por meio de acordo individual e a compensação por acordo tácito. No que tange à normativa do intervalo intrajornada, restara estabelecida a possibilidade de ampliação de jornada, cuja não concessão ou a concessão parcial do intervalo mínimo implica o pagamento de natureza indenizatória, não remuneratória, sendo possível, inclusive, a não concessão parcial do intervalo intrajornada, o que significa que nessa hipótese haverá uma longa jornada ininterrupta, fragilizando o modelo garantista preconizado na Constituição de 1988.

O presente trabalho também se deleita no regramento do teletrabalho, que retira da marginalidade essa relação de trabalho tão presente na sociedade pós-moderna, regulamentando e solidificando o plano fático. Passando à análise dos dispositivos acerca do dano extrapatrimonial, observou-se que o objetivo explícito dos novos comandos normativos é a restrição da legitimidade à indenização e a diminuição da aplicação subsidiária do "direito comum" na matéria.

O autor segue comentando acerca das inovações em relação à insalubridade, ao trabalho autônomo e intermitente, à questão da prevalência das normas convencionais sobre as legais, à responsabilidade por sucessão e ao tema dos fardamentos e vestimentas funcionais, equiparações e outros temas, restando evidente que a nova lei possibilita o estabelecimento de relações de trabalho em condições precárias. No que tange à extinção do contrato de trabalho, o autor enfrenta com atenção a questão da introdução da arbitragem nas relações trabalhistas, cujo grande entrave é a diferença de posição entre o empregado e o empregador, restando ampliada a margem de negociação entre as partes em posição absolutamente desigual e criando um cenário arbitrado que não favorece o trabalhador.

A questão das contribuições sindicais, que deixam a compulsoriedade para entrar para o plano da voluntariedade, também é enfrentada, assinalando-se que tal manobra implicará uma significativa redução do montante que será arrecadado e, por certo, na insolvência de muitas entidades sindicais, contribuindo para o desmoronamento das estruturas sindicais. As inovações no direito processual do trabalho e nos serviços temporários também não ficaram aquém, restando esclarecido que o novo regramento dificulta o acesso à justiça e a busca por direitos com mecanismos que possibilitem a quitação de direitos no curso do contrato de trabalho.

Este trabalho, que se propusera a reanalisar os principais aspectos dos novos comandos normativos, traz a consciência de que, apesar de a reforma propugnada ser um retrato do momento vivido pela sociedade brasileira, a desconstrução do modelo garantista, mediante a consolidação de várias propostas liberais, fragiliza ainda mais o tecido social.

**Walber de Moura Agra**
Mestre pela UFPE. Doutor pela UFPE e pela Università degli Studio di Firenze. Pós-Doutor pela Université Montesquieu Bordeaux. Professor da Universidade Federal do Estado de Pernambuco. Professor Visitante da Universitá degli Studio di Lecce. Membro do Conselho Científico do Doutorado de Universidade de Lecce. Visiting Research Scholar of Cardozo Law School. Diretor do Instituto Brasileiro de Estudos Constitucionais – IBEC IV. Membro Correspondente do Cerdradi – Centre d'Études Et de Recherches sur lês Droit Africains et sur Le Développement Institucionnel des Pays em Développemment. Procurador do Estado de Pernambuco. Ex-membro da Comissão de Defesa da República e da Democracia do Conselho Federal da OAB. Ex-Vice Diretor da Escola Judiciária Eleitoral do Tribunal Superior Eleitoral. Membro da Comissão de Estudos Constitucionais do Conselho Federal da OAB. Advogado.

# INTRODUÇÃO

**1** As modificações mais recentes nos modelos estatais têm evidenciado o enfraquecimento dessas pessoas face àquelas que compõem o sistema econômico, quer no tocante à efetiva produção de bens e serviços, quer no tocante ao setor financeiro. O Brasil é um retrato dessas mudanças, para tal constatação basta que se compare a Constituição brasileira de 1988 em seu modelo original e após tantas emendas.

O Estado, construção, no modelo atual, de poucos séculos, com relevante atuação na defesa de direitos sociais, a partir do início do século XX, vem sendo fustigado e mostra-se bastante enfraquecido como instrumento de defesa do cidadão. A globalização, o livre mercado, o "estado mínimo", são insistentemente defendidos, fomentados pelos grandes grupos econômicos, pelos pautadores de opiniões influenciados por fatores endógenos e, sobretudo, exógenos que servem para manter e aguçar as desigualdades sociais. Nesse contexto e fruto dele surge a chamada "reforma trabalhista".

Fácil é observar que a Constituição de 1988 representou, em sua versão original, o ápice do avanço teórico do reconhecimento dos direitos sociais, às vezes de modo romântico e inalcançável. O que se tem visto na sequência foi um trabalho sistemático de corrosão e ruptura dos avanços obtidos. Tal aconteceu e vem acontecendo no campo da previdência social com as emendas constitucionais de nºs 20, 41 e 47 e com a pretensão de nova emenda. Tal aconteceu no tocante às formas de intervenção do Estado na Ordem econômica, com a alteração dos campos exploráveis exclusivamente pelo Estado, como telecomunicações, petróleo e gás. Com o desaparecimento da figura da empresa de capital nacional, persistindo apenas a figura formal da "empresa brasileira", entre tantas outras.

**2** A Constituição brasileira "versão 2017" é, sem dúvida, um contraponto liberal ao modelo garantista de 1988. Modificações legislativas mais recentes têm significado redução de direitos sociais como instrumento para redução de custos da atividade econômica. A "competitividade internacional" é apresentada como um argumento de redução de direitos sociais que pareciam bem consolidados. O rompimento ou redução das barreiras de ingresso, tributárias, ou de outras ordens, teve como consequência a exposição da produção nacional a concorrências predatórias facilitadas por uma ideologia globalizante.

Nesse contexto e escudada na ideia de necessidade de reforma para assegurar "mercado de trabalho" foi aprovada a "reforma trabalhista", nos aproximando do baixo patamar de direitos trabalhistas daqueles países asiáticos fornecedores de mão de obra barata para as indústrias de países desenvolvidos. A dita *reforma representa uma fórmula de redução dos custos trabalhistas, embora com patente redução de direitos de fundo social.*

3 Em verdade, o contexto de reforma das relações trabalhistas envolveu duas leis recentes: a Lei nº 13.429, de 31.03.2017, que ampliou as hipóteses de terceirização de mão de obra, implicando redução de riscos e custos para o tomador final de serviços, e a mais recente e mais abrangente, que foi a Lei nº 13.467, de 13.07.2017, da qual resultaram sensíveis alterações no direito individual e coletivo do trabalho, incluindo o direito sindical e suas fontes de financiamento.

A "globalização", com a desmedida abertura do Brasil para a produção de bens alienígenas, como o exemplo chinês, sem as necessárias barreiras compensatórias, fez com que o legislador brasileiro optasse por atenuação de "direitos" e ampliação das áreas de relações jurídicas, com ampliação dos "ajustes negociados" e com redução da parcela de direitos intangíveis, havendo necessidade, inclusive, de cotejo de tais modificações com o conjunto de direitos sociais inseridos no texto constitucional.

4 Para facilitar a compreensão, ao leitor far-se-á análise dos principais dispositivos legais introduzidos, sem prejuízo da tentativa de contextuar os itens com a "filosofia" da reforma.

Aqui se constata, em verdade, uma paulatina e progressiva redução dos direitos sociais, algo preocupante, considerando, inclusive, os elevados níveis de desemprego, o não cumprimento da resolução da OIT acerca das despedidas imotivadas, a modernização tecnológica, que tem como resultante a redução de postos de trabalho em todas as áreas mais agregadoras de mão de obra. Observe-se, a título de mero exemplo: a substituição do trabalhador do campo por máquinas modernas para plantio, adubação, preparação de terra e colheita. A substituição de bancários, no passado categoria tão forte, por sistemas informatizados. A redução de trabalhadores em lojas de departamentos e supermercados, com suas substituições por leitores óticos. A redução de pedreiros, armadores, marceneiros, encanadores e auxiliares na construção civil.

Tudo isso será afetado e agravado pelas novas normas. Necessário será que haja uma partilha dos benefícios dos avanços tecnológicos, que eles não representem apenas uma redução de custos para o capitalista, que ela também represente uma redução do esforço do trabalho. Assim não ocorrendo, o futuro apontará para mais conflitos, mais insegurança e violência em sociedade tão desigual.

Às vezes, a visão desse legislador imediatista é bisonha, míope, sem enxergar que esses ganhos de lucratividade no momento próximo não representará vantagem mais adiante.

Mister dissecar os principais aspectos dos novos comandos normativos. Esse trabalho é apenas um ponto de partida na análise da desconstrução do modelo trabalhista legalista, com o manto protetor do Estado. Pretende mais lançar questionamentos que conclusões.

**O autor**

CAPÍTULO 1

# DOS GRUPOS EMPRESARIAIS E OUTRAS QUESTÕES

Inicia-se o presente estudo pela lembrança de que essa reforma trabalhista surge no contexto de prevalência de um modelo liberalizante, que, após um ciclo de ampliação de direitos sociais, volta a crescer, fundada a reforma na ideia de Estado menos interventor, de ampliação dos instrumentos e áreas a serem objeto de acordos, ajustes e composições entre empregadores e empregados. Tal surge em difícil momento da vida nacional, com elevado nível de desemprego, estagnação econômica e enfraquecimento das estruturas sindicais O texto traz profundas modificações nas relações de trabalho até então bastante consolidadas no Brasil após mais de setenta anos. Sem dúvida, pretende-se introduzir um conjunto tão amplo de alterações, em variadas frentes, cujo ponto em comum, basicamente, é o de redução dos custos das relações trabalhistas, o enfraquecimento da moldura legal protecionista, sob o argumento (falacioso) da vantagem da livre negociação, desprezando-se fatores como a ampla desigualdade de forças entre o Capital e o segmento representativo dos empregados, fragilizado em momento de tão elevado nível de desemprego.

Segue-se o exame das alterações introduzidas, tentando-se dissecar cada um dos principais aspectos do novo regramento jurídico.

É com a pretensão de atenuação da caracterização de grupo econômico que se inicia a alteração normativa. Esse é *o primeiro tópico de relevo na Lei nº 13.467, de 13.07.2017*.

Dispunha a CLT, sobre a matéria:

Art. 2º – Considera-se empregador a empresa, individual ou coletiva, que, assumindo os riscos da atividade econômica, admite, assalaria e dirige a prestação pessoal de serviço.

E, ainda, seus parágrafos:

§1º – Equiparam-se ao empregador, para os efeitos exclusivos da relação de emprego, os profissionais liberais, as instituições de beneficência, as associações recreativas ou outras instituições sem fins lucrativos.

§2º – Sempre que uma ou mais empresas, tendo, embora, cada uma delas, personalidade jurídica própria, estiverem sob a direção, controle ou administração de outra, constituindo grupo industrial, comercial ou de qualquer outra atividade econômica, serão, para os efeitos da relação de emprego, solidariamente responsáveis a empresa principal e cada uma das subordinadas.

O texto foi modificado, com a nova redação desse parágrafo 2º e a introdução de um parágrafo 3º. Observe-se:

§2º Sempre que uma ou mais empresas, tendo, embora, cada uma delas, personalidade jurídica própria, estiverem sob a direção, controle ou administração de outra, ou ainda quando, mesmo guardando cada uma sua autonomia, integrem grupo econômico, serão responsáveis solidariamente pelas obrigações decorrentes da relação de emprego.

E, sobretudo, a introdução de parágrafo 3º, de cunho restritivo:

§3º Não caracteriza grupo econômico a mera identidade de sócios, *sendo necessárias, para a configuração do grupo, a demonstração do interesse integrado, a efetiva comunhão de interesses e a atuação conjunta das empresas dele integrantes.* (NR)

Surge com o novel parágrafo um requisito adicional a demonstração de *interesse integrado*, desconstrói a ideia de que pessoas jurídicas "um grupo econômico", por exemplo: instituição financeira, empresa agropastoril, siderúrgica, exportadora, etc. poderiam ser consideradas solidariamente responsáveis, criando-se essa inaceitável condicionante do *"interesse integrado"*.

Esse novel elemento – INTERESSE INTEGRADO – *não presente para a caracterização de grupo econômico em vários outros campos do direito, aqui surge como algo capaz de limitar, severamente, a responsabilidade dos elos de um mesmo conjunto empresarial.*

Todo grupo formado por um conjunto de mesmos sócios tem interesse econômico coincidente, e as opções de aplicações e investimentos criam um liame comum. A única interpretação acerca desse *interesse integrado* aceitável seria a de cunho econômico, e não por área de produção. Se assim não for, grandes conjuntos de empresas, com os mesmos sócios atuando em áreas diversas não serão considerados para fins de responsabilização trabalhista como um grupo.

Não se poderá ter uma interpretação, a não ser extensiva acerca desse interesse integrado, sobre o sentido dessa expressão, sob pena, assim não se fazendo, de ter-se um conceito de grupo econômico e de responsabilidade solidária bem mais restrito que aquele presente nas relações tributárias e consumeristas.

CAPÍTULO 2

# DOS AFASTAMENTOS TEMPORAIS, DA PERMANÊNCIA DO EMPREGADO NA SEDE DO ESTABELECIMENTO EMPREGADOR

Outro dispositivo da CLT expressamente alterado foi aquele referente ao regramento dos períodos temporais de afastamento temporário do empregado e seu cômputo como de serviço efetivo. Criou-se um novo parágrafo no art. 4º e transformou-se o parágrafo único em parágrafo 1º.

Art. 4º (...)
§1º Computar-se-ão, na contagem de tempo de serviço, para efeito de indenização e estabilidade, os períodos em que o empregado estiver afastado do trabalho prestando serviço militar e por motivo de acidente do trabalho.

Esse parágrafo 1º não representa alteração, mas mera reprodução do anterior parágrafo único.

Efetivamente, a legislação específica referente à prestação do serviço militar obrigatório já determina seu cômputo, inclusive para fins previdenciários.[1]

A inovação relevante é a do novo parágrafo 2º.

§2º Por não se considerar tempo à disposição do empregador, não será computado como período extraordinário o que exceder a jornada

---

[1] Vide acerca dos fins previdenciários a Lei nº 8.213/91, art. 55, e o regulamento da Previdência Social (Decreto nº 3.048, de 1999)

normal, ainda que ultrapasse o limite de cinco minutos previsto no §1º do art. 58 desta Consolidação, quando o empregado, por escolha própria, buscar proteção pessoal, em caso de insegurança nas vias públicas ou más condições climáticas, bem como adentrar ou permanecer nas dependências da empresa para exercer atividades particulares, entre outras:
I – práticas religiosas;
II – descanso;
III – lazer;
IV – estudo;
V – alimentação;
VI – atividades de relacionamento social;
VII – higiene pessoal;
VIII – troca de roupa ou uniforme, quando não houver obrigatoriedade de realizar a troca na empresa. (NR)

Alguns desses itens, efetivamente, não devem ser computados como de prestação de serviços, tais como práticas religiosas (exemplificando-se com a utilização de templo de qualquer culto existente no imóvel do empregador), ou atividades de relacionamento pessoal, ou lazer, imaginando-se, por exemplo, que há área para esporte, como quadra e campo para prática esportiva, ou "praças" para encontro e conversação de empregados e terceiros.

Já os outros itens merecem ponderação:
a) Higiene pessoal. Se essa se faz necessária em função da atividade exercida pelo empregado, evidentemente, que a limpeza e o asseio devem e podem ser computadas como tempo de trabalho. Não se pode transferir o ônus para o empregado, mesmo com o novo texto.
b) Os períodos de *estudo* devem ser excluídos se não forem *capacitações relacionadas com a atividade*. Imagine-se que a indústria realiza, após o expediente, curso com carga horária de 2 horas diárias, sobre novas técnicas de fresagem para fresadores do quadro do empregador, tal período não poderia, nem poderá ser excluído, diferentemente do que seria dedicação para estudos outros, apenas com utilização de espaço.
c) A questão da troca de roupa também é relevante. Se a utilização de fardamento é relevante para o empregador, ou se pelo tipo de atividade (p. e., em local insalubre) a mudança de vestimenta se impõe, não há como não se computar esse período como no interesse do empregador

# CAPÍTULO 3

# AS INOVAÇÕES ACERCA DAS FONTES DO DIREITO DO TRABALHO

O tema das fontes do direito é relevante e profundo. Deve ser observado a partir da lei de introdução, mas levando-se em conta na ponderação e exame da preponderância de cada uma delas o campo jurídico objeto de análise, a posição de cada um dos partícipes da relação e a capacidade, inclusive e sobretudo fática de poderem, com certo grau de liberdade, pactuarem entre si. A livre manifestação de vontade exercida por um ser oprimido é apenas uma ficção frágil e inaceitável. *No direito do trabalho,* consagrada foi a indisponibilidade de direitos considerados vantajosos para o trabalhador. Nesse sentido, a expressa previsão legal acerca da nulidade de avenças que se evidenciassem desfavoráveis ao obreiro.

A CLT estabelecia, em sua versão original:

> Art. 8º – As autoridades administrativas e a Justiça do Trabalho, na falta de disposições legais ou contratuais, decidirão, conforme o caso, pela jurisprudência, por analogia, por eqüidade e outros princípios e normas gerais de direito, principalmente do direito do trabalho, e, ainda, de acordo com os usos e costumes, o direito comparado, mas sempre de maneira que nenhum interesse de classe ou particular prevaleça sobre o interesse público.
>
> Parágrafo único – O direito comum será fonte subsidiária do direito do trabalho, *naquilo em que não for incompatível com os princípios fundamentais deste.*

Relevante não olvidar fundamentos específicos do direito de trabalho, questão tão debatida e discutida pela doutrina juslaboralista, tanto a pátria quanto a alienígena. Pode-se citar como exemplo dessa formulação principiológica a obra referência até os dias de hoje de Américo Plá Rodriguez.[2]

Transformou-se o parágrafo único em parágrafo 1º e suprimiu-se a parte final do texto, criando-se novos parágrafos que, em princípio, visariam balizar a forma e os limites da atividade de interpretação dos tribunais trabalhistas.

Fácil é constatar que o novel texto seria atual nos primórdios do século XIX, não nos do século XXI. Os limites da interpretação são de fundo constitucional.

Evidentemente, o Judiciário por seus órgãos "não poderá restringir direitos legalmente previstos nem criar obrigações que não estejam previstas em lei". Essa é uma obviedade. O claro objetivo do texto é coibir "interpretações excessivamente construtivas", ocorrentes, sobretudo, no seio da Justiça do Trabalho, fundadas, sobretudo, em pretensão de aplicação, ou de se assegurar efetividade das normas constitucionais.

O que se pretendeu foi limitar a aplicação da Constituição, pelos Tribunais. Os direitos trabalhistas estão fixados no texto maior, basicamente nos arts. 7º e seguintes daquela Carta.[3] Sabido é que a CF/88

---

[2] PLÁ RODRIGUEZ, Américo. *Princípios de direito do trabalho*. 3. ed. São Paulo: LTR, 2015.

[3] "Art. 7º São direitos dos trabalhadores urbanos e rurais, além de outros que visem à melhoria de sua condição social:
I – relação de emprego protegida contra despedida arbitrária ou sem justa causa, nos termos de lei complementar, que preverá indenização compensatória, dentre outros direitos;
II – seguro-desemprego, em caso de desemprego involuntário;
III – fundo de garantia do tempo de serviço;
IV – salário mínimo, fixado em lei, nacionalmente unificado, capaz de atender a suas necessidades vitais básicas e às de sua família com moradia, alimentação, educação, saúde, lazer, vestuário, higiene, transporte e previdência social, com reajustes periódicos que lhe preservem o poder aquisitivo, sendo vedada sua vinculação para qualquer fim;
V – piso salarial proporcional à extensão e à complexidade do trabalho;
VI – irredutibilidade do salário, salvo o disposto em convenção ou acordo coletivo;
VII – garantia de salário, nunca inferior ao mínimo, para os que percebem remuneração variável;
VIII – décimo terceiro salário com base na remuneração integral ou no valor da aposentadoria;
IX – remuneração do trabalho noturno superior à do diurno;
X – proteção do salário na forma da lei, constituindo crime sua retenção dolosa;
XI – participação nos lucros, ou resultados, desvinculada da remuneração, e, excepcionalmente, participação na gestão da empresa, conforme definido em lei;
XII – salário-família pago em razão do dependente do trabalhador de baixa renda nos termos da lei; (Redação dada pela Emenda Constitucional nº 20, de 1998)
XIII – duração do trabalho normal não superior a oito horas diárias e quarenta e quatro semanais, facultada a compensação de horários e a redução da jornada, mediante acordo ou convenção coletiva de trabalho; (vide Decreto-Lei nº 5.452, de 1943)
XIV – jornada de seis horas para o trabalho realizado em turnos ininterruptos de revezamento, salvo negociação coletiva;
XV – repouso semanal remunerado, preferencialmente aos domingos;

XVI – remuneração do serviço extraordinário superior, no mínimo, em cinqüenta por cento à do normal; (Vide Del 5.452, art. 59 §1º)
XVII – gozo de férias anuais remuneradas com, pelo menos, um terço a mais do que o salário normal;
XVIII – licença à gestante, sem prejuízo do emprego e do salário, com a duração de cento e vinte dias;
XIX – licença-paternidade, nos termos fixados em lei;
XX – proteção do mercado de trabalho da mulher, mediante incentivos específicos, nos termos da lei;
XXI – aviso prévio proporcional ao tempo de serviço, sendo no mínimo de trinta dias, nos termos da lei;
XXII – redução dos riscos inerentes ao trabalho, por meio de normas de saúde, higiene e segurança;
XXIII – adicional de remuneração para as atividades penosas, insalubres ou perigosas, na forma da lei;
XXIV – aposentadoria;
XXV – assistência gratuita aos filhos e dependentes desde o nascimento até 5 (cinco) anos de idade em creches e pré-escolas; (Redação dada pela Emenda Constitucional nº 53, de 2006)
XXVI – reconhecimento das convenções e acordos coletivos de trabalho;
XXVII – proteção em face da automação, na forma da lei;
XXVIII – seguro contra acidentes de trabalho, a cargo do empregador, sem excluir a indenização a que este está obrigado, quando incorrer em dolo ou culpa;
XXIX – ação, quanto aos créditos resultantes das relações de trabalho, com prazo prescricional de cinco anos para os trabalhadores urbanos e rurais, até o limite de dois anos após a extinção do contrato de trabalho; (Redação dada pela Emenda Constitucional nº 28, de 25/05/2000)
a) (Revogada). (Redação dada pela Emenda Constitucional nº 28, de 25/05/2000)
b) (Revogada). (Redação dada pela Emenda Constitucional nº 28, de 25/05/2000)
XXX – proibição de diferença de salários, de exercício de funções e de critério de admissão por motivo de sexo, idade, cor ou estado civil;
XXXI – proibição de qualquer discriminação no tocante a salário e critérios de admissão do trabalhador portador de deficiência;
XXXII – proibição de distinção entre trabalho manual, técnico e intelectual ou entre os profissionais respectivos;
XXXIII – proibição de trabalho noturno, perigoso ou insalubre a menores de dezoito e de qualquer trabalho a menores de dezesseis anos, salvo na condição de aprendiz, a partir de quatorze anos; (Redação dada pela Emenda Constitucional nº 20, de 1998)
XXXIV – igualdade de direitos entre o trabalhador com vínculo empregatício permanente e o trabalhador avulso.
Parágrafo único. São assegurados à categoria dos trabalhadores domésticos os direitos previstos nos incisos IV, VI, VII, VIII, X, XIII, XV, XVI, XVII, XVIII, XIX, XXI, XXII, XXIV, XXVI, XXX, XXXI e XXXIII e, atendidas as condições estabelecidas em lei e observada a simplificação do cumprimento das obrigações tributárias, principais e acessórias, decorrentes da relação de trabalho e suas peculiaridades, os previstos nos incisos I, II, III, IX, XII, XXV e XXVIII, bem como a sua integração à previdência social. (Redação dada pela Emenda Constitucional nº 72, de 2013)
Art. 8º É livre a associação profissional ou sindical, observado o seguinte:
I – a lei não poderá exigir autorização do Estado para a fundação de sindicato, ressalvado o registro no órgão competente, vedadas ao Poder Público a interferência e a intervenção na organização sindical;
II – é vedada a criação de mais de uma organização sindical, em qualquer grau, representativa de categoria profissional ou econômica, na mesma base territorial, que será definida pelos trabalhadores ou empregadores interessados, não podendo ser inferior à área de um Município;

é um texto que representa a expressão de um modelo de constituição dirigente, cujos sentido e interpretação devem ser no sentido de assegurar-lhe a máxima eficácia.

Nesse esforço, o papel do intérprete não se limita ao de um garimpeiro em busca da verdade com uma bateia processual. Merece referência Zigmunt Bauman, em sua obra *Legisladores e intérpretes*, quando ressalta a tarefa construtiva do intérprete. A pretensão do Legislador do novo texto, neste caso é, visivelmente, evitar qualquer atividade construtiva do intérprete, o que é inaceitável quando se possa ter uma interpretação de conformidade com a Constituição. O ponto de partida para balizar qualquer interpretação jurídica é a Constituição Federal, suas normas (regras e princípios). Não se olvidem lições relevantes de Bauman:

> As numerosas áreas de atividade intelectual que se ramificaram do tronco original foram colonizadas com sucesso por outros poderes ou desenvolveram suas próprias bases institucionais de autoridade; em ambos os casos, elas adquiriram um alto poder de autonomia – uma independência quase total – em relação às ofertas legislativas ou fundamentais de metacientistas ou metaestetas. Agora são mantidas em movimento por outros fatores, sobre os quais os intelectuais gerais não têm controle algum; e podem, portanto, desconsiderar sem perigo o discurso fundamental como algo irrelevante para o trabalho que estão

---

III – ao sindicato cabe a defesa dos direitos e interesses coletivos ou individuais da categoria, inclusive em questões judiciais ou administrativas;
IV – a assembléia geral fixará a contribuição que, em se tratando de categoria profissional, será descontada em folha, para custeio do sistema confederativo da representação sindical respectiva, independentemente da contribuição prevista em lei;
V – ninguém será obrigado a filiar-se ou a manter-se filiado a sindicato;
VI – é obrigatória a participação dos sindicatos nas negociações coletivas de trabalho;
VII – o aposentado filiado tem direito a votar e ser votado nas organizações sindicais;
VIII – é vedada a dispensa do empregado sindicalizado a partir do registro da candidatura a cargo de direção ou representação sindical e, se eleito, ainda que suplente, até um ano após o final do mandato, salvo se cometer falta grave nos termos da lei.
Parágrafo único. As disposições deste artigo aplicam-se à organização de sindicatos rurais e de colônias de pescadores, atendidas as condições que a lei estabelecer.
Art. 9º É assegurado o direito de greve, competindo aos trabalhadores decidir sobre a oportunidade de exercê-lo e sobre os interesses que devam por meio dele defender.
§1º A lei definirá os serviços ou atividades essenciais e disporá sobre o atendimento das necessidades inadiáveis da comunidade.
§2º Os abusos cometidos sujeitam os responsáveis às penas da lei.
Art. 10. É assegurada a participação dos trabalhadores e empregadores nos colegiados dos órgãos públicos em que seus interesses profissionais ou previdenciários sejam objeto de discussão e deliberação.
Art. 11. Nas empresas de mais de duzentos empregados, é assegurada a eleição de um representante destes com a finalidade exclusiva de promover-lhes o entendimento direto com os empregadores."

fazendo – e fazendo bem, segundo seus próprios critérios institucionalizados. (...)
A estratégia de interpretação, porém, difere de todas as estratégias de legislação de um modo fundamental: ela abandona abertamente, ou deixa de lado como irrelevante para a tarefa em questão, a hipótese da universalidade da verdade, do juízo e do gosto; ela se recusa a estabelecer diferença entre comunidades que produzam significados; aceita os direitos de propriedade dessas comunidades, e estes como o único fundamento de que os Significados comunalmente baseados possam necessitar.[4]

O intérprete constrói e o faz a partir da Constituição, e não a partir de um texto legislativo restritivo.

§1º O direito comum será fonte subsidiária do direito do trabalho.

§2º Súmulas e outros enunciados de jurisprudência editados pelo Tribunal Superior do Trabalho e pelos Tribunais Regionais do Trabalho não poderão restringir direitos legalmente previstos nem criar obrigações que não estejam previstas em lei.

§3º No exame de convenção coletiva ou acordo coletivo de trabalho, a Justiça do Trabalho analisará exclusivamente a conformidade dos elementos essenciais do negócio jurídico, respeitado o disposto no *art. 104 da Lei nº 10.406, de 10 de janeiro de 2002 (Código Civil)*, e balizará sua atuação pelo princípio da intervenção mínima na autonomia da vontade coletiva. (NR)

Evidentemente, os textos dos enunciados e súmulas não são fontes originárias de criação, ou restrição a direitos, ou obrigações, mas tal não significa cerceamento da atividade interpretativa das Cortes, sobretudo para que haja compatibilidade com as normas, regras e princípios previstos na Constituição Federal.

No tocante ao *"exame de convenção coletiva ou acordo coletivo de trabalho"*, evidentemente que o Poder Judiciário tem, além de tudo, o poder-dever de verificar da compatibilidade dos respectivos conteúdos com as normas constitucionais. O comando contido no supracitado parágrafo 3º, no sentido de que *a Justiça do Trabalho analisará exclusivamente a conformidade dos elementos essenciais do negócio jurídico*, fere fortemente o disposto no art. 114 da Constituição Federal.

---

[4] BAUMAN, Zigmunt. *Legisladores e intérpretes*. São Paulo: Zahar, 2010, p. 266 e 267.

CAPÍTULO 4

# DA RESPONSABILIDADE DOS SÓCIOS RETIRANTES

Modificada foi também a CLT no tocante à responsabilidade do sócio retirante. Introduziu-se um novo artigo logo após a previsão protetiva do trabalhador em relação à mudança eventual de estrutura empresarial. ("antigo" art. 10 – *Qualquer alteração na estrutura jurídica da empresa não afetará os direitos adquiridos por seus empregados.*).

A matéria, até então tinha jurisprudência oscilante. Observem-se alguns acórdãos:

> TRT-22 – AGRAVO DE PETIÇÃO AP 558200810122005 PI 00558-2008-101-22-00-5 (TRT-22)
> Data de publicação: 11/03/2009
> Ementa: SÓCIO RETIRANTE RESPONSABILIDADE PELOS DÉBITOS TRABALHISTAS DA EMPRESA. ARTS. 1.003 E 1.032 DO CÓDIGO CIVIL. O sócio retirante que teve conhecimento da ação trabalhista movida contra a empresa depois de dois anos após a sua retirada não é responsável pelo pagamento das verbas deferidas no processo de conhecimento. Inteligência dos arts. 1.003, parágrafo único, e 1.032 do Novo Código Civil.
> TRT-22 – AGRAVO DE PETIÇÃO AP 558008620085220101 (TRT-22)
> Data de publicação: 16/02/2009
> Ementa: SÓCIO RETIRANTE RESPONSABILIDADE PELOS DÉBITOS TRABALHISTAS DA EMPRESA. ARTS. 1.003 E 1.032 DO CÓDIGO CIVIL. O sócio retirante que teve conhecimento da ação trabalhista movida contra a empresa depois de dois anos após a sua retirada não é responsável pelo pagamento das verbas deferidas no processo de conhecimento. Inteligência dos arts. 1.003, parágrafo único, e 1.032 do Novo Código Civil. (AP 55800-86.2008.5.22.0101, Rel. Desembargador

Wellington Jim Boavista, TRT DA 22ª REGIÃO, PRIMEIRA TURMA, julgado em 16/02/2009, publicado em)
TRT-5 – Agravo de Petição AP 00997005620065050039 BA 0099700-56.2006.5.05.0039 (TRT-5)
Data de publicação: 28/06/2013
Ementa: AGRAVO DE PETIÇÃO. SÓCIO RETIRANTE. RESPONSABILIDADE SUBSIDIÁRIA. O sócio retirante responde subsidiariamente pelos débitos trabalhistas contraídos à época em que ainda integrava o quadro societário da empresa, tendo em vista a presunção de proveito econômico em relação aos frutos do empreendimento e a regra de que o empregado não deve arcar com o risco da atividade econômica.

O "novo" artigo criou regras de limitação de responsabilidade do sócio que deixa o quadro societário e, sobretudo, uma ordem de precedência:

Art. 10-A. O sócio retirante responde *subsidiariamente pelas obrigações trabalhistas da sociedade relativas ao período em que figurou como sócio, somente em ações ajuizadas até dois anos depois de averbada a modificação do contrato*, observada a seguinte ordem de preferência:

I – a empresa devedora;

II – os sócios atuais; e

III – os sócios retirantes.

Parágrafo único. O sócio retirante responderá *solidariamente* com os demais *quando ficar comprovada fraude* na alteração societária decorrente da modificação do contrato.

A nova regra cria um limitador menos favorável em relação ao credor de débitos trabalhistas, isso porque se fixou um prazo de dois anos a partir da averbação da modificação, considerando-se que a prescrição durante o contrato de trabalho é de *cinco anos*.

Além desse fato, a ordem de *preferência cria um enorme período temporal que essa responsabilização venha ocorrer*. Observe-se: deve-se acionar a empregadora. Não sendo bem-sucedida, redireciona-se para os atuais sócios e na sequência para os retirantes. Possivelmente, na maioria dos casos, esse redirecionamento será tardio e ineficaz para assegurar os direitos dos trabalhadores.

Há, em verdade, consolidação da linha mais liberalizante da jurisprudência trabalhista:

TRT-4 – AGRAVO DE PETICAO AP 3487199110204008 RS 03487-1991-102-04-00-8 (TRT-4)
Data de publicação: 27/05/2009

*Ementa:* AGRAVO DE PETIÇÃO DO EXEQUENTE. *RESPONSABILIDADE DE SÓCIO RETIRANTE DA EXECUTADA.* Hipótese em que incabível o redirecionamento da execução contra o ex-*sócio* da empresa *executada* pelos créditos trabalhistas devidos ao exequente, na forma do art. 1032 do CCB, já que transcorridos mais de dois anos de sua retirada da sociedade. Agravo provido. VISTOS e relatados estes autos de AGRAVO DE PETIÇÃO interposto de decisão do Exmo. Juízo da 2ª Vara do Trabalho de Pelotas, sendo agravante JOSÉ ANTÔNIO CUNHA DUARTE DA SILVA e agravados PAULO ROBERTO RIBES DUARTE, COMÉRCIO E REPRESENTAÇÕES PINK LTDA., LUIS FERNANDO ÁVILA PESTANA E JOSÉ ROCHA MENDONÇA. Inconformado com a decisão proferida às fls. 310/312 carmim pelo Exmo. Juiz Luís Ernesto dos Santos Veçozzi, que julgou improcedentes os embargos à execução por ele opostos, o *executado* interpõe agravo de petição às fls. 316/333 carmim. Busca a reforma do julgado a fim de que seja pronunciada a prescriçao (...)

TRT-4 – AGRAVO DE PETICAO AP 730199702004005 RS 00730-1997-020-04-00-5 (TRT-4)
Data de publicação: 03/06/2009
*Ementa:* AGRAVO DE PETIÇÃO DO EXEQÜENTE. *RESPONSABILIDADE DE SÓCIO RETIRANTE DA EXECUTADA.* Hipótese em que incabível o redirecionamento da execução contra a ex-sócia da empresa *executada* pelos créditos trabalhistas devidos ao exeqüente, na forma do art. 1032 do CCB, já que transcorridos mais de dois anos de sua retirada da sociedade. Agravo provido. VISTOS e relatados estes autos de AGRAVO DE PETIÇÃO interposto de decisão do Exmo. Juízo da 20ª Vara do Trabalho de Porto Alegre, sendo agravante SIMONE DAHMER RONCAGLIO e agravados PAULO ROBERTO DA CUNHA NUNES, GLAMAR EXPRESS TRANSPORTADORA LTDA., TRANSPORTADORA RODOLIT LTDA. BABILES ABREU SURDO E EDSON LUIZ MACIEL. Inconformada com a decisão proferida pela Exma. Juíza do Trabalho Fabiane Rodrigues da Silveira, às fls. 545/547, que julgou improcedentes os embargos à execução opostos, a ex-sócia da empresa *executada*, Simone Dahmer Roncaglio, interpõe agravo de petição, às fls. 566/577. Busca a reforma (...)

TRT-6 – ACAO PENAL AP 144700892008506 PE 0144700-89.2008.5.06.0004 (TRT-6)
Data de publicação: 09/05/2011
*Ementa:* AGRAVO DE PETIÇÃO. EMBARGOS DE TERCEIRO. *SÓCIO RETIRANTE DA EMPRESA EXECUTADA. RESPONSABILIDADE –* Ainda que tenha transferido/cedido sua quota na sociedade, o *sócio retirante* deve permanecer como responsável solidário pelo débito trabalhista reconhecido na sentença exeqüenda, considerando que se

beneficiou da força de trabalho do reclamante em boa parte do período laboral (art. 1.003 do Código Civil ). Agravo de petição que se nega provimento.

Excepciona-se, tão somente, no novo texto, *a hipótese de fraude* no tocante a ser a responsabilidade solidária, e não subsidiária. Aplicando-se o princípio processual no sentido que a prova incumbe a quem alega, imputar-se-á ao obreiro o ônus de provar tal ocorrência. Sabido é, pela própria natureza da figura FRAUDE, que ela pressupõe a ocorrência de ardil, de postura que não é explícita, que pretende apresentar para terceiros realidade inexistente. Em todas essas situações, a descoberta do real negócio daquela realidade que se visa encobrir com o negócio, ou cláusula fraudulenta, não é de fácil e pronta percepção, sobretudo para o leigo.

O texto deverá ser interpretado com a adequada ponderação, sob pena, em assim não se interpretando, esse dispositivo representar no futuro, em muitas hipóteses, esvaziamento da pretensão de concretização de direitos.

Observe-se para fins de comparação a jurisprudência acerca da responsabilidade do sócio retirante no campo tributário:

> AgRg no AGRAVO EM RECURSO ESPECIAL Nº 12.371 – DF (2011/0113497-6)
> EMENTA: TRIBUTÁRIO. AGRAVO REGIMENTAL NO AGRAVO EM RECURSO ESPECIAL. EXECUÇÃO FISCAL. ALEGADA OFENSA AO ART. 535 DO CPC. INEXISTÊNCIA. RESPONSABILIDADE TRIBUTÁRIA DE SÓCIA RETIRANTE. ARTS. 131 E 135 DO CTN. NÃO OCORRÊNCIA. SAÍDA REGULAR DO CORPO SOCIETÁRIO ASSENTADA PELO TRIBUNAL DE ORIGEM. MODIFICAÇÃO DE PREMISSAS FÁTICAS NA VIA ESPECIAL. VEDAÇÃO. ENUNCIADO SUMULAR 7/STJ. AUSÊNCIA DE PAGAMENTO DE TRIBUTO. IMEDIATA RESPONSABILIZAÇÃO DO SÓCIO PELO ART. 135 DO CTN. IMPOSSIBILIDADE. PRECEDENTE JULGADO PELA SISTEMÁTICA DO ART. 543-C DO CPC. ART. 123 DO CTN. AUSÊNCIA DE PREQUESTIONAMENTO. SÚMULAS 282 E 356/STF. INCIDÊNCIA. AGRAVO NÃO PROVIDO.
> 1. "A garantia de acesso ao Judiciário não pode ser tida como certeza de que as teses serão apreciadas de acordo com a conveniência das partes" (STF, RE 113.958/PR, Primeira Turma, Rel. Min. ILMAR GALVÃO, DJ 7/2/97), muito menos que o magistrado está compelido a examinar todos os argumentos expendidos pelos jurisdicionados (REsp 650.373/SP, Quarta Turma, Rel. Min. LUIS FELIPE SALOMÃO, DJe 25/4/12).
> 2. Este Superior Tribunal já assentou, há muito, que o sócio que se retira licitamente da sociedade limitada (caso dos autos), mediante transferência de suas cotas, continuando o empreendimento com as suas atividades

habituais, não responde por eventuais débitos fiscais contemporâneos ao seu período de permanência no organismo societário.

3. Estabelecido pelo Tribunal de origem que a saída da sócia deu-se de forma regular, com expressa transferência de suas cotas às sócias remanescentes, que, por sua vez, deram continuidade às atividades empresariais, torna-se inviável a modificação desse entendimento na via especial, por implicar nítida ofensa à Súmula 7/STJ.

4. "É igualmente pacífica a jurisprudência do STJ no sentido de que a simples falta de pagamento do tributo não configura, por si só, nem em tese, circunstância que acarreta a responsabilidade subsidiária do sócio, prevista no art. 135 do CTN. É indispensável, para tanto, que tenha agido com excesso de poderes ou infração à lei, ao contrato social ou ao estatuto da empresa (EREsp 374.139/RS, 1ª Seção, DJ de 28.02.2005)" (REsp 1.101.728/SP, Primeira Seção, Rel. Min. TEORI ALBINO ZAVASCKI, DJe 23/3/09)

5. O exame dos autos revela a ausência de prequestionamento do art. 123 do CTN, uma vez que o Tribunal *a quo* não dirimiu a controvérsia à luz das suas disposições, e o ente público, por sua vez, a ele não fez sequer menção nos seus embargos declaratórios. Incidentes, no ponto, os enunciados sumulares 282 e 356/STF.

6. Agravo regimental não provido.

Observe-se, ainda, na jurisprudência em matéria tributária, a importância do momento em que o fato gerador da obrigação ocorreu:

TRF-3 – APELAÇÃO CÍVEL AC 3225 SP 2001.61.03.003225-2 (TRF-3)
Data de publicação: 01/02/2011
**Ementa:** PROCESSO CIVIL – EXIBIÇÃO DE DOCUMENTOS – IMPROCEDENCIA ANTE A JUNTADA DA CÓPIA INTEGRAL DO PROCESSO ADMINISTRATIVO. *RESPONSABILIDADE* TRIBUTÁRIA – *SÓCIO* QUE SE *RETIRA* DA *SOCIEDADE* EM DATA POSTERIOR AO FATO GERADOR DO TRIBUTO – MANUTENÇÃO NA EXECUÇÃO. AUSÊNCIA DE PROVA DE EXCESSO DE EXAÇÃO – MANUTENÇÃO DA AUTUAÇÃO I. Juntada cópia integral do processo administrativo, não prospera o requerimento da exibição de documentos a teor do artigo 355 do CPC. A ausência de documento citado pelos apelantes, por não haver qualquer outro indício de sua existência, torna inviável a produção da referida prova. II. A *responsabilidade* tributária é atribuída à época do fato gerador do tributo, e não quando de seu lançamento. Não há, pois, como se excluir da lide a parte que, à época da constituição da dívida, era *sócio* da executada. III. O auto de infração foi confirmado pelo INSS não pelo fato de que algumas exigências não foram cumpridas, e sim porque os apelados não conseguiram justificar o motivo pelo qual declarou na folha de salário de todos os seus empregados que todos recebiam um salário mínimo indistintamente. IV. O processo administrativo foi devidamente fundamentado e, tanto naquela esfera, como

neste processo judicial os apelantes não lograram comprovar qualquer motivo que autorizasse a desconstituição do auto de infração. V. Não cabe sequer rediscutir a confusão com outros empregados de outras empresas já que esta questão já foi resolvida a favor dos apelantes sem sede administrativa conforme fls. 413/420. VI. Não comprovada a alegação de que a sra. Fiscal teria agido com excesso de exação, ônus que cabia aos apelantes nos termos do artigo, 333, I do CPC, reputa-se legal a autuação. VII. Negado provimento ao recurso.

Enquanto, no tocante à responsabilidade trabalhista, o aspecto de maior relevo é e será a data da alteração contratual. Tal não favorece o trabalhador. A simetria com a responsabilidade tributária seria bem mais adequada.

Há uma profunda atenuação temporal da responsabilidade trabalhista e com uma grave inversão do ônus, no tocante à eventual demonstração de fraude.

# CAPÍTULO 5

# DAS ALTERAÇÕES EM RELAÇÃO À PRESCRIÇÃO

Outra modificação restritiva foi a introduzida com a alteração da normatização do art. 11 da CLT, no tocante às prescrições de prestações sucessivas.

Estabelecia o texto original, com a aplicação da Constituição Federal:

> Art. 11 – O direito de ação quanto a créditos resultantes das relações de trabalho prescreve: (Redação dada pela Lei nº 9.658, de 5.6.1998)
> I – em cinco anos para o trabalhador urbano, até o limite de dois anos após a extinção do contrato; (Incluído pela Lei nº 9.658, de 5.6.1998) (Vide Emenda Constitucional nº 28 de 25.5.2000)
> II – em dois anos, após a extinção do contrato de trabalho, para o trabalhador rural. (Incluído pela Lei nº 9.658, de 5.6.1998) (Vide Emenda Constitucional nº 28 de 25.5.2000)
> §1º O disposto neste artigo não se aplica às ações que tenham por objeto anotações para fins de prova junto à Previdência Social. (Incluído pela Lei nº 9.658, de 5.6.1998)

O texto modificado passou a ser o seguinte:

> Art. 11. A pretensão quanto a créditos resultantes das relações de trabalho prescreve em cinco anos para os trabalhadores urbanos e rurais, até o limite de dois anos após a extinção do contrato de trabalho.
> I – (revogado);
> II – (revogado).
> (...)

§2º Tratando-se de pretensão que envolva pedido de prestações sucessivas decorrente de alteração ou descumprimento do pactuado, a prescrição é total, *exceto quando o direito à parcela esteja também assegurado por preceito de lei.*

Abrandou-se o princípio da prescrição de parcelas com preservação do fundo do direito, consolidando-se o posicionamento restritivo estabelecido pela Súmula nº 294 do TST:

> Tratando-se de ação que envolva pedido de prestações sucessivas decorrente de alteração do pactuado, a prescrição é total, exceto quando o direito à parcela seja também assegurado por preceito de lei.

*Consolidou-se a regra que apenas no tocante a direitos decorrentes de previsão legislativa persistiria sem ser alcançado o fundo do direito.* Entendimentos anteriores, como o da Súmula nº 168 do TST, restaram definitivamente sepultados, o que é lamentável.

Tal parece expressão de incoerência, em reforma que amplia o elenco de direitos decorrentes de negociação, acordo, ou convenção, amplia-se a forma de prescrição para a integralidade.

Em verdade, consagra-se a tese da prescrição total, mesmo em se tratando de prescrição sucessiva, desde que não se tratando de obrigação expressamente decorrente de lei. Cria-se um ardiloso artifício em desfavor do obreiro. As cláusulas e ajustes negociais ganham espaço sobre as imposições legais, ressalvadas as decorrentes da Constituição, ou de ordem pública e, mesmo assim, em relação a essas o regime prescricional é bem mais desfavorável ao empregado.

> §3º A interrupção da prescrição somente ocorrerá pelo ajuizamento de reclamação trabalhista, mesmo que em juízo incompetente, ainda que venha a ser extinta sem resolução do mérito, produzindo efeitos apenas em relação aos pedidos idênticos. (NR)

Esse dispositivo nada altera em relação ao regramento pretérito.

Já no tocante à prescrição intercorrente, consolida-se a aplicação aos processos trabalhistas sem as ressalvas referentes a

> infrutíferas diligencias, ou impossibilidades de prosseguimento das execuções, por fatos não imputáveis ao trabalhador reclamante.

Segue:

> Art. 11-A. Ocorre a prescrição intercorrente no processo do trabalho no prazo de dois anos.
> §1º A fluência do prazo prescricional intercorrente inicia-se quando o exequente deixa de cumprir determinação judicial no curso da execução.

§2º A declaração da prescrição intercorrente pode ser requerida ou declarada de ofício em qualquer grau de jurisdição.

A previsão do art. 11-A, parágrafo 1º, imporá, em interpretação restritiva, uma obrigação adicional ao empregado/reclamante. Isso porque em situações nas quais haja dificuldades (muito comuns) de indicação de bens, localização do devedor, etc., começará a fluir prazo para prescrição intercorrente. Deveria haver previsão similar à da Lei nº 6.830/80, art. 40 (suspensão sem prejuízo para o exequente).

Não se podem olvidar as dificuldades da maioria dos trabalhadores nas fases de execução. Muitas diligências e providências deixarão de acontecer... Muitos reconhecimentos de prescrição ocorrerão.

CAPÍTULO 6

# DAS MODIFICAÇÕES EM RELAÇÃO AO DIREITO DO TRABALHO SANCIONADOR, AO REGRAMENTO DE DESLOCAMENTO E AO TRABALHO EM REGIME PARCIAL

Houve também alterações em relação a obrigações referentes a vários aspectos que envolvem o direito administrativo do trabalho, mormente naquelas áreas sujeitas a fiscalização e controle pelas Delegacias do Trabalho e seus auditores.

Nessa seara, observe-se a questão referente às penalizações por não registro de empregados.

Atualizaram-se, também, os valores referentes ao descumprimento de obrigações referentes a registro de empregados, fazendo-se ainda a distinção quando o descumprimento for praticado no âmbito de microempresa e/ou empresa de pequeno porte.

Art. 47. O empregador que mantiver empregado não registrado nos termos do art. 41 desta Consolidação ficará sujeito a multa no valor de R$ 3.000,00 (três mil reais) por empregado não registrado, acrescido de igual valor em cada reincidência.

§1º Especificamente quanto à infração a que se refere o caput deste artigo, o valor final da multa aplicada será de R$ 800,00 (oitocentos reais) por empregado não registrado, quando se tratar de microempresa ou empresa de pequeno porte.

§2º A infração de que trata o caput deste artigo constitui exceção ao critério da dupla visita. (NR)

Art. 47-A. Na hipótese de não serem informados os dados a que se refere o parágrafo único do art. 41 desta Consolidação, o empregador ficará sujeito à multa de R$ 600,00 (seiscentos reais) por empregado prejudicado.

As alterações referem-se, basicamente, ao direito administrativo do trabalho, na sua vertente sancionadora. Sem modificações no tocante ao procedimento de imposição de multas, objeto de procedimento administrativo específico e de execução judicial nos moldes da Lei nº 6.830/80.

## 6.1 Do deslocamento dos empregados

Questão bem mais relevante e de direito material foi a alteração da normatização acerca dos lapsos temporais de deslocamento do empregado para ou a partir do local de trabalho, questão essa que há muitos anos atormenta os tribunais trabalhistas.

Essa matéria é relevante, sobretudo quando envolve o deslocamento para áreas sem transporte regular, ou o que também ocorre com frequência: com transporte público "regular", mas precário. Recordo-me, p. e, quando Juiz do Trabalho há várias décadas, respondendo pela então Junta de Conciliação e Julgamento de Macau/RN, ter apreciado inúmeras reclamações trabalhistas de obreiros que, sediados naquela cidade, deslocavam-se para a zona rural do município de Guamaré para a construção da unidade de extração de gás da PETROBRAS, distante algumas dezenas de quilômetros. Com precariedade de acesso por qualquer linha de transporte. Os trabalhadores partiam bem cedo e voltavam bem mais tarde: a soma dos períodos de deslocamento acrescia em cerca de duas horas a jornada normal de oito horas, ou seja, cerca de um quarto do salário (além do adicional, naquela época, de 20%). No mesmo sentido, quando Juiz em Catende/PE, constatava as enormes dificuldades do transporte "regular" entre aquele município e Palmares, a maior cidade da região.

Houve, indubitavelmente, sensível modificação do regramento preexistente acerca do cômputo do período de deslocamento do empregado para e a partir do local de trabalho.

O texto anteriormente vigente da CLT considerava como da jornada de trabalho o período de deslocamento se o local de trabalho fosse de difícil acesso.

Dispunha o texto revogado:

Art. 58 (...)

§2º O tempo despendido pelo empregado até o local de trabalho e para o seu retorno, por qualquer meio de transporte, não será computado na jornada de trabalho, salvo quando, tratando-se de local de difícil acesso ou não servido por transporte público, o empregador fornecer a condução.

Duas eram as hipóteses de cômputo do período de deslocamento:
a) Local de difícil acesso;
b) Local não servido por transporte coletivo.

O entendimento sobre o sentido desse dispositivo pode ser apreendido a partir de vários julgados do TST, p. e.:

ST – RECURSO DE REVISTA RR 4666020135240061 (TST)
Data de publicação: 13/03/2015
Ementa: HORAS IN ITINERE. NORMA COLETIVA QUE TRANSACIONOU O TEMPO GASTO NO *DESLOCAMENTO* DO *EMPREGADO* PARA O TRABALHO. A reclamante insurge-se contra o indeferimento do pedido de horas in itinere, com fundamento apenas em divergência jurisprudencial. Todavia os arestos indicados como paradigmas não servem à caracterização do dissídio, seja porque não atendem ao pressuposto da especificidade, nos moldes exigidos na Súmula nº 296, item I, do TST, seja porque são oriundos de Turma do Tribunal Superior do Trabalho, órgão não elencado na alínea a do artigo 896 da CLT. Recurso de revista não conhecido. HORAS EXTRAS. TEMPO GASTO PELO TRABALHADOR NA ESPERA DA CONDUÇÃO FORNECIDA PELA EMPRESA PARA RETORNO A RESIDÊNCIA. LOCAL DE DIFÍCIL ACESSO E NÃO SERVIDO POR TRANSPORTE REGULAR. TEMPO À DISPOSIÇÃO DO EMPREGADOR. *A jurisprudência desta Corte firmou o entendimento de que o tempo gasto pelo trabalhador na espera da condução (fornecida pela empregadora) para o retorno a sua casa constitui tempo à disposição da empregadora, quando o local de trabalho é de difícil acesso e não servido por transporte público regular. Nessas circunstâncias, o empregado não tem outra opção do que aguardar a condução da empresa, em face da impossibilidade de conseguir outro tipo de transporte para voltar para casa. Por outro lado, se não foram preenchidos os requisitos para a caracterização das horas in itinere, o tempo gasto pelo trabalhador na espera da condução para retornou a sua casa não constitui tempo à disposição do empregador.* No caso, o estabelecimento patronal se situava em local de difícil acesso, não servido por transporte público, tanto que a reclamada celebrou convenção coletiva prefixando o tempo relativo às horas in itinere (duas diárias). Portanto, como foram preenchidos os requisitos previstos na Súmula nº 90 do TST e no artigo 58, §2º, da CLT, o período em que a

reclamante aguardava a condução fornecida pela reclamada constitui tempo à disposição dessa última...[5]

O texto foi substituído por previsão na qual esse período de deslocamento não seria computável, mesmo quando fornecido pelo empregador. A partir do momento que for ultrapassada a *vacatio legis*, o período de deslocamento não será mais computável para fins de pagamento. Sem dúvida, prevaleceu o interesse econômico. A redução no custo da mão de obra será sensível. Relevante a discussão sobre a constitucionalidade desse regramento:

> Art. 58. (...)
> §2º O tempo despendido pelo empregado desde a sua residência até a efetiva ocupação do posto de trabalho e para o seu retorno, caminhando ou por qualquer meio de transporte, inclusive o fornecido pelo empregador, *não será computado na jornada de trabalho, por não ser tempo à disposição do empregador*.
> §3º (Revogado). (NR)

Esse último dispositivo revogado tratava de acordos entre pequenas e microempresas sobre remuneração desses deslocamentos, o que restou prejudicado com a retirada desse direito.

O supracitado parágrafo 2º apresenta uma característica curiosa para um texto legal, ele é autojustificativo quando afirma *por não ser tempo* à *disposição do empregador*.

A presunção de estar à disposição decorria de um fato muito simples – a falta de opção do empregado, nas hipóteses de deslocamento sem transporte regular, ou com transporte público existente, mas precário, ou com longos intervalos.

Observe-se, por exemplo: trabalhadores rurais "boias frias", deslocados a partir de pontos de apanha em periferias de cidades para serem levados até pontos de trabalho em áreas de plantio de cana-de-açúcar, de laranjais, etc., a muitos quilômetros de distância. Nesses deslocamentos, afirmar-se que não estariam à disposição do empregador é, tão somente, pretender reduzir os custos da mão de obra. O maior exemplo de "atecnia" desse dispositivo é a autointerpretação nele constante: *por não ser tempo* à *disposição do empregador*. Rompeu-se com uma assentada interpretação.

Outra modificação relevante foi a que ampliou o regime de *tempo parcial de trabalho*. O texto anteriormente existente, que já fora objeto de introdução em 2001, estabelecia:

---

[5] www.tst.jus.br.

Art. 58-A. Considera-se trabalho em regime de tempo parcial aquele cuja duração não exceda a vinte e cinco horas semanais. (Incluído pela Medida Provisória nº 2.164-41, de 2001)

§1º O salário a ser pago aos empregados sob o regime de tempo parcial será proporcional à sua jornada, em relação aos empregados que cumprem, nas mesmas funções, tempo integral. (Incluído pela Medida Provisória nº 2.164-41, de 2001)

§2º Para os atuais empregados, a adoção do regime de tempo parcial será feita mediante opção manifestada perante a empresa, na forma prevista em instrumento decorrente de negociação coletiva. (Incluído pela Medida Provisória nº 2.164-41, de 2001)

Não se pode ignorar que regime de tempo parcial é uma figura necessária no regramento das relações de trabalho, pois alcança um grande conjunto de trabalhadores cuja prestação de serviços é necessária em período bem inferior ao das usuais 44 horas.

Ocorre que o novo texto elevou para *trinta horas semanais* o período considerado como de "regime de tempo parcial", com todas as decorrentes consequências. É uma parcialidade que se aproxima do regime normal de trabalho, em países como a França (pouco mais de 38 horas semanais) e até do regime de tempo integral de muitas categorias de servidores públicos, prestando serviços em regime de 6 horas diárias durante cinco dias por semana (como permitido pela Lei federal nº 8.112/90 – estatuto dos servidores civis da União Federal, suas autarquias e fundações públicas federais; e também por muitos estatutos municipais que têm essa carga horária como a básica, e não regime parcial.)

Estabeleceu o novo texto:

Art. 58-A. Considera-se trabalho em regime de tempo parcial aquele cuja duração não exceda a trinta horas semanais, sem a possibilidade de horas suplementares semanais, ou, ainda, aquele cuja duração não exceda a vinte e seis horas semanais, com a possibilidade de acréscimo de até seis horas suplementares semanais.

Constata-se a existência de duas situações possíveis:
a) trinta horas semanais, sem a possibilidade de horas suplementares;
b) até vinte e seis horas semanais, com a possibilidade de até seis horas suplementares.

O parágrafo 3º do novo texto reproduz o mesmo acréscimo percentual do valor da hora suplementar, existente no regime usual de 44 horas:

§3º As horas suplementares à duração do trabalho semanal normal serão pagas com o acréscimo de 50% (cinquenta por cento) sobre o salário-hora normal.

§4º Na hipótese de o contrato de trabalho em regime de tempo parcial ser estabelecido em número inferior a vinte e seis horas semanais, as horas suplementares a este quantitativo serão consideradas horas extras para fins do pagamento estipulado no §3º, estando também limitadas a seis horas suplementares semanais.

§5º As horas suplementares da jornada de trabalho normal poderão ser compensadas diretamente até a semana imediatamente posterior à da sua execução, devendo ser feita a sua quitação na folha de pagamento do mês subsequente, caso não sejam compensadas.

Observe-se que, com a distinção entre HORAS SUPLEMENTARES E HORAS EXTRAS, nas primeiras, o Empregador pode utilizar um mero sistema de compensação na semana imediatamente posterior. A empresa, p. e., poderá ter uma prestação de serviço de 6 horas + 2 nas quintas e sextas-feiras, compensando sempre nas segundas e terças seguintes de menor movimento. Há o regramento de sistema de compensação de jornada, o que pode levar a sistemas de trabalho com banco de horas que levarão, por exemplo, a jornadas nas quais o empregado, em dias de maior movimento, trabalhe 8 horas diárias, compensando com outros dias com 4 horas diárias.

Aqui vale uma digressão, para ressaltar a quebra de isonomia no comparativo entre o regime celetista e o estatutário (p. e., da Lei nº 8.112/90)

§6º É facultado ao empregado contratado sob regime de tempo parcial converter um terço do período de férias a que tiver direito em abono pecuniário.

Esse dispositivo acerca da conversão do terço de férias *in pecúnia* não representa qualquer novidade, apenas a observância de permissivo constitucional.

§7º As férias do regime de tempo parcial são regidas pelo disposto no art. 130 desta Consolidação. (NR)

Esse regramento cria situações de remunerações menores, por redução da carga horária dos contratos de trabalho em regime que pode tornar-se bastante usual em país com grande quantidade de mão de obra disponível.

CAPÍTULO 7

# O NOVEL REGRAMENTO DAS HORAS EXTRAS E DO HORÁRIO INTRAJORNADAS

As horas extras também foram objeto de alteração de regramento.

Art. 59. A duração diária do trabalho poderá ser acrescida de horas extras, em número não excedente de duas, por acordo individual, convenção coletiva ou acordo coletivo de trabalho.

§1º A remuneração da hora extra será, pelo menos, 50% (cinquenta por cento) superior à da hora normal.

Aqui se observa algo relevante: a possibilidade de ter-se hora extra habitual, desde que não excedente de duas, não só por ajuste de natureza coletiva, mas até por *acordo individual*. Em períodos de longa crise, como o atual, que deve perdurar ao menos por mais alguns anos, não se pode olvidar da inexistência de condições do obreiro, com risco de desemprego de se opor ao ajuste proposto pelo empregador.[6]

---

[6] A taxa de desocupação no país continua em alta e o país tem agora 14,2 milhões de desempregados no trimestre encerrado em março, número 14,9% superior ao trimestre imediatamente anterior (outubro, novembro e dezembro de 2016) – o equivalente a 1,8 milhão de pessoas a mais desocupadas.
Os dados fazem parte da Pesquisa Nacional por Amostra de Domicílios Contínua (Pnad Contínua) divulgada hoje, no Rio de Janeiro, pelo Instituto Brasileiro de Geografia e Estatística (IBGE) com os resultados do primeiro trimestre. No trimestre encerrado em fevereiro, o Brasil tinha 13 milhões de desempregados.
Segundo o IBGE, a taxa de desocupação fechou março em 13,7% com alta de 1,7 ponto percentual frente ao trimestre outubro/dezembro de 2016, quando o desemprego estava em 12%. Em relação aos 10,9% da taxa de desemprego do trimestre móvel de igual período do ano passado, a alta foi de 2,8 pontos percentuais. Essa foi a maior taxa de desocupação

Haverá uma absurda desigualdade entre os dois polos da relação contratual.

§3º Na hipótese de rescisão do contrato de trabalho sem que tenha havido a compensação integral da jornada extraordinária, na forma dos §§2º e 5º deste artigo, o trabalhador terá direito ao pagamento das horas extras não compensadas, calculadas sobre o valor da remuneração na data da rescisão.

§4º (Revogado).

§5º O banco de horas de que trata o §2º deste artigo poderá ser pactuado por acordo individual escrito, desde que a compensação ocorra no período máximo de seis meses.

§6º É lícito o regime de compensação de jornada estabelecido por acordo individual, tácito ou escrito, para a compensação no mesmo mês. (NR)

Os parágrafos 5º e 6º tratam, sobretudo, das formas para que haja pacto acerca de regime de compensação de jornada. Em relação a compensações de até seis meses, exige-se pacto por acordo individual formal. Nas hipóteses de compensações no mesmo mês, essas poderão ser objeto de acordo *tácito*. *Ou seja, o empregado, simplesmente, "concorda" com a sugestão do empregador.* No tocante às compensações dentro do semestre, elas poderão alcançar áreas como do comércio varejista, com redução, p. e., dos ganhos em períodos como do final de ano, compensando-se com meses de menor nível de vendas, como setembro ou outubro.

O principal aspecto a destacar no tocante a esse regramento é poder ser pactuado por acordo individual escrito. Sabido é que o empregado, sozinho, poderá ajustar com o empregador esse acordo. Evidentemente que o *acordo* será mera ficção. Que possibilidade terá o obreiro de não concordar com a *proposta do empregador sobre tal tema.* Possivelmente, em sendo esse o regime de preferência do empregador, tal oferta dar-se-á, de logo, quando da pretensão de ingresso.

Poderia recordar que quando entrou em vigor o regime do FGTS, a Constituição de 1967 o apresentava como "opção pelo regime do Fundo de Garantia por Tempo de Serviço" e no mundo real onde se vive, a dita opção inexistia, era condição fática para a contratação.

Não se conhece qualquer caso de empregador que tivesse àquela época concordado com novas admissões pelo regime anterior de indenização de um salário por ano trabalhado.

---

da série histórica, iniciada no primeiro trimestre de em 2012. Disponível em: <http://agenciabrasil.ebc.com.br/economia/noticia/2017-04/ibge-total-de-desempregados-cresce-e-atinge-142-milhoes – noticia de 28.04.2017>.

Relevante ainda destacar que o parágrafo 6º permite a introdução de regime de compensação por *acordo individual, tácito ou escrito, para a compensação no mesmo mês*. O acordo individual tácito será representado, tão somente, pela não manifestação contrária do empregado, o que evidentemente não ocorrerá como algo usual. Difícil imaginar a capacidade de resistência, ou não aceitação de oferta de acordo individual por empregado não estável, com evidente risco de desemprego.

> Art. 59-A. Em exceção ao disposto no art. 59 desta Consolidação, é facultado às partes, mediante acordo individual escrito, convenção coletiva ou acordo coletivo de trabalho, estabelecer horário de trabalho de doze horas seguidas por trinta e seis horas ininterruptas de descanso, observados ou indenizados os intervalos para repouso e alimentação.
>
> Parágrafo único. A remuneração mensal pactuada pelo horário previsto no caput deste artigo abrange os pagamentos devidos pelo descanso semanal remunerado e pelo descanso em feriados, e serão considerados compensados os feriados e as prorrogações de trabalho noturno, quando houver, de que tratam o art. 70 e o §5º do art. 73 desta Consolidação.

Aspecto de grande importância nesse dispositivo é a previsão de *ser ajustado por acordo individual*, ao qual devem ser feitas as mesmas observações da análise anterior.

Há, entretanto, aspecto de maior relevo, por envolver questão de saúde, que é a parte final do *caput* do art. 59-A, quando se refere à opção acerca dos intervalos para repouso e alimentação: *observados ou indenizados os intervalos para repouso e alimentação*.

*Ora, inaceitável, por ferir a dignidade da pessoa humana, admitir-se, a não ser como situação excepcional, eventual, serem os intervalos para repouso e alimentação "substituídos" por indenizações*. Tal preceito, a não ser que se dê a ele interpretação restritiva, agride o art. 7º da CF de 1988.

*Esse disposto, sem dúvida, deverá ter interpretação de conformidade com a Constituição Federal, evitando-se grave regressão a relevante direito social.*

O parágrafo único também tem caráter restritivo de direito em relação aos feriados, pois a razão de ser do acréscimo remuneratório em relação a esses dias especiais não tem relação com jornada de trabalho.

> Art. 59-B. O não atendimento das exigências legais para compensação de jornada, inclusive quando estabelecida mediante acordo tácito, não implica a repetição do pagamento das horas excedentes à jornada normal diária se não ultrapassada a duração máxima semanal, sendo devido apenas o respectivo adicional.
>
> Parágrafo único. A prestação de horas extras habituais não descaracteriza o acordo de compensação de jornada e o banco de horas.

Esse dispositivo do art. 59-B cria um limitador severo em relação ao descumprimento de obrigação relevante do empregador. Observe-se:

> ... não implica a repetição do pagamento das horas excedentes à jornada normal diária se não ultrapassada a duração máxima semanal, sendo devido apenas o respectivo adicional;

Destaque-se a ressalva legal no sentido de não haver repetição do pagamento das horas excedentes mesmo se não ultrapassada a duração máxima. É lamentável.

Esses dois dispositivos indicam caminhos para a utilização de regime de horas usualmente excedentes, com baixo custo, desde que não ultrapassada a duração máxima, sendo devido apenas o excedente. Isso, naturalmente, quando o empregado não for horista. Outro aspecto restritivo relevante é a ressalva constante do supracitado parágrafo. Permite a transformação de regime de horas extras em habituais sem qualquer sanção, apontando para verdadeira unilateralidade do hipotético acordo.

Destacou o novo texto aspectos específicos desse regime:

> Art. 60. (...)
> Parágrafo único. Excetuam-se da exigência de licença prévia as jornadas de doze horas de trabalho por trinta e seis horas ininterruptas de descanso. (NR)
> Art. 61. (...).
> §1º O excesso, nos casos deste artigo, pode ser exigido independentemente de convenção coletiva ou acordo coletivo de trabalho.
> (...) (NR)
> Art. 62. (...).
> III – os empregados em regime de teletrabalho.
> (...) (NR)
> Art. 71. (...).

## Dos intervalos intrajornadas

Inovou-se ainda em relação aos intervalos intrajornadas, se são objeto de supressão parcial, ou integral, tem-se ampliação de jornada e o pagamento deveria ser, pela sua natureza considerado, REMUNERATÓRIO ACRESCIDO.

Observe-se o texto:

> §4º A não concessão ou a concessão parcial do intervalo intrajornada mínimo, para repouso e alimentação, a empregados urbanos e rurais, implica o pagamento, *de natureza indenizatória*, apenas do período suprimido, com

acréscimo de 50% (cinquenta por cento) sobre o valor da remuneração da hora normal de trabalho.

Aqui se tem uma regra que aparentemente é penalizadora ao desrespeito a direito básico, e que representa um grave risco de lesão a direito básico à saúde. Observe-se a redação: *A não concessão ou a concessão parcial do intervalo intrajornada mínimo* para repouso e alimentação, a empregados urbanos e rurais, implica o pagamento, de natureza indenizatória.

Tal não deve ser entendido que com isso cria-se uma alternativa de substituir o intervalo mínimo intrajornadas por pagamento de natureza *indenizatória*. Essa consequência, evidentemente terá que ser compreendida com a implícita ressalva *sem prejuízo de outras sanções*. A natureza indenizatória tem um custo mais baixo que a natureza remuneratória, inclusive quanto a acessórios.

*Observe-se que o texto possibilita, inclusive a* **não concessão parcial do intervalo intrajornada,** o que significa que, nessa hipótese, haverá uma longa jornada ininterrupta capaz de aguçar cansaço, desatenção, acidentes...

Destaque-se, ainda, que se pretendeu reduzir o custo desse acréscimo ao estabelecer: *o pagamento, de natureza indenizatória*. Ora essa natureza tem implicações, inclusive a de não incidência de acréscimos como FGTS e recolhimento previdenciário. É, sem dúvida, "vantajosa" a prática ilícita.

A interpretação acerca dessa hipótese deve estar atenta, sobretudo aos parâmetros constitucionais.

CAPÍTULO 8

# INOVAÇÕES NO REGRAMENTO DO TELETRABALHO

A figura do teletrabalho é uma realidade dos dias atuais e, sem dúvida, apresenta-se como espécie de prestação de serviços com cada vez maior número de empregados a ele vinculados. Sabido é que, em muitas situações, o chamado trabalho a distância representará um rompimento com o regime trabalhista atual. Muitos serão pequenos, microempresários prestando serviços a empresas tomadoras de serviços. Mas, além disso, ter-se-á parte dos trabalhadores que compõem a força de trabalho da empresa prestando serviços a partir de locais outros, como a própria residência. Hoje isso é bastante usual em grandes empresas, sobretudo nos países mais desenvolvidos, como os EUA e os integrantes da União Europeia.

No passado, encontravam-se profissionais, como costureiras e artesãos, que elaboravam seus serviços fora da empresa e recebiam seus salários por peças produzidas. O modelo evoluiu. Programadores de computação, analistas de dados, entre outras categorias de trabalhadores, costumam prestar serviços fora das sedes das empresas.

O modelo atual de teletrabalho, grosso modo, tem semelhanças com aquelas velhas lembranças, porque "regra-geral", o controle do empregador far-se-á em função do trabalho desempenhado, ou seja, da produtividade.

Veja-se o regramento introduzido no sistema jurídico, em parte, "consolidando" práticas existentes:

DO TELETRABALHO
Art. 75-A. A prestação de serviços pelo empregado em regime de teletrabalho observará o disposto neste Capítulo.

Art. 75-B. Considera-se teletrabalho a prestação de serviços preponderantemente fora das dependências do empregador, com a utilização de tecnologias de informação e de comunicação que, por sua natureza, não se constituam como trabalho externo.

O texto limita o "teletrabalho" à prestação de serviços preponderantemente fora da sede, mas "com a utilização de tecnologias de informação e de comunicação", como, p. e., o trabalho em computador com a utilização de redes de informática. Situação essa, inclusive, que pode possibilitar ao empregador a verificação do, ou dos períodos nos quais o empregado, embora prestado serviços em outro local, dedica-se à empresa.

Sem dúvida, o regramento dessa forma de trabalho era imprescindível, pois cada vez mais o percentual de trabalhadores que prestam serviços dessa forma se expande.[7] Aqui se tem o regramento iniciado pela Lei nº 12.551/2011.[8]

---

[7] Observe-se, p. e., a ampliação dessa modalidade de prestação de serviços no âmbito do serviço público federal. No Judiciário, já há "regulamentação" pela Resolução nº 227, de 15.06.2016, constatando-se excelente resultado com a utilização dessa modalidade: "Diversos tribunais brasileiros têm relatado aumento de produtividade de servidores em regime de teletrabalho, que permite a execução das tarefas fora das dependências da unidade judiciária, com a utilização de recursos tecnológicos. O Conselho Nacional de Justiça (CNJ) passou a disciplinar a modalidade por meio da Resolução n. 227/2015, recém-aprovada em Plenário, que tem por objetivo, entre outros, aumentar a produtividade e a qualidade de trabalho dos servidores.
O teletrabalho já é realidade no Poder Judiciário e vem sendo disciplinado por normas internas de cada tribunal. Somente na 4ª Região da Justiça Federal, que corresponde aos três Estados da Região Sul do país, por exemplo, há 403 servidores em regime de teletrabalho, sendo 62 no Tribunal Regional Federal (TRF-4).
A Resolução CNJ n. 227/2015 limita a oportunidade de teletrabalho a 30% da lotação, admitida excepcionalmente majoração para 50%, a critério da presidência do tribunal. De acordo com a norma, verificada a adequação do perfil do servidor ao teletrabalho, terão prioridades aqueles com deficiência, que tenham filhos, cônjuge ou dependentes com deficiência, gestante e lactantes, que demonstrem comprometimento e habilidade de gerenciamento do tempo e organização ou que estejam gozando de licença para acompanhamento de cônjuge.
A norma determina ainda que a meta de desempenho estipulada aos servidores em regime de teletrabalho será superior aos demais, conforme plano de trabalho estabelecido, e que os tribunais promoverão o acompanhamento e a capacitação de gestores e servidores envolvidos com o regime de teletrabalho. A resolução veda a modalidade de teletrabalho aos servidores que estejam fora do país, salvo na hipótese de servidores que tenham direito à licença para acompanhar o cônjuge.
**Justiça Estadual** – Na Justiça Estadual, em geral, a implantação do teletrabalho ainda é incipiente e adotada em caráter experimental. O Tribunal de Justiça do Estado de São Paulo (TJSP), que recebe o maior volume processual do país, possui atualmente 68 escreventes técnicos judiciários na Capital, enquanto o Tribunal de Justiça do Estado do Mato Grosso do Sul (TJMS) conta com apenas quatro.
**Bons resultados** – O teletrabalho foi instituído pelo Tribunal Regional Federal da 4ª Região (TRF4) em 2013 com limite de 30% da lotação efetiva de servidores por unidade.

Parágrafo único. O comparecimento às dependências do empregador para a realização de atividades específicas que exijam a presença do empregado no estabelecimento não descaracteriza o regime de teletrabalho.

Esse tipo de trabalho, fora do Brasil já tem disciplina jurídica bem evoluída. Em países como os EUA há essa modalidade inclusive em relação a empregados públicos.[9] Na Europa, a modalidade é usual e bem desenvolvida (objeto de disciplina pelo European Framework Agreement on Teleworking of 2002),[10] fruto, evidentemente, do elevado nível de integração de redes de informática nessas áreas do mundo.

A definição de teletrabalho no texto europeu é bastante precisa:

> teleworking is a form of organizing and/or performing work, using information technology, in the context of an employment contract/relationship, where work, which could also be performed at the employer's premises, is carried out away from those premises on a regular basis.

Essa definição é bastante adequada é tem pertinência com o modelo brasileiro.

---

No entanto, devido aos bons resultados de produtividade dos servidores em regime de teletrabalho, em 2015 o limite foi ampliado para 40%, pela Resolução n.53/2015 do tribunal, podendo ser superior ao percentual quando apresentado plano de gestão e demonstração, por escrito, de que a medida não comprometerá o adequado funcionamento da unidade."
A norma do tribunal determina que a meta de desempenho exigida do servidor em regime de teletrabalho em domicílio deverá ser igual ou até 10% superior àquela estipulada para os demais servidores, e é possível também realizar a modalidade semipresencial, em que o servidor realiza o trabalho à distância, por exemplo, em dois dias na semana Disponível em: <http://www.cnj.jus.br/noticias/cnj/82662>.

[8] "LEI Nº 12.551, DE 15 DE DEZEMBRO DE 2011.
  Altera o art. 6º da Consolidação das Leis do Trabalho (CLT), aprovada pelo Decreto-Lei nº 5.452, de 1º de maio de 1943, para equiparar os efeitos jurídicos da subordinação exercida por meios telemáticos e informatizados à exercida por meios pessoais e diretos.
  **A PRESIDENTA DA REPÚBLICA** Faço saber que o Congresso Nacional decreta e eu sanciono a seguinte Lei:
  Art. 1º O art. 6º da Consolidação das Leis do Trabalho (CLT), aprovada pelo Decreto-Lei nº 5.452, de 1º de maio de 1943, passa a vigorar com a seguinte redação:
  "Art. 6º Não se distingue entre o trabalho realizado no estabelecimento do empregador, o executado no domicílio do empregado e o realizado a distância, desde que estejam caracterizados os pressupostos da relação de emprego.
  Parágrafo único. Os meios telemáticos e informatizados de comando, controle e supervisão se equiparam, para fins de subordinação jurídica, aos meios pessoais e diretos de comando, controle e supervisão do trabalho alheio." (NR)
  Art. 2º Esta Lei entra em vigor na data de sua publicação.
  Brasília, 15 de dezembro de 2011; 190º da Independência e 123º da República."

[9] Vide o Teleworking enhancement act of 2010 ( in government publishing office)

[10] Essa matéria é objeto de disciplina por uma série de diretivas e outros atos da União europeia.

A modalidade de prestação deve ser objeto de contrato escrito:

> Art. 75-C. A prestação de serviços na modalidade de teletrabalho deverá constar expressamente do contrato individual de trabalho, que especificará as atividades que serão realizadas pelo empregado.
> §1º Poderá ser realizada a alteração entre regime presencial e de teletrabalho desde que haja mútuo acordo entre as partes, registrado em aditivo contratual.
> §2º Poderá ser realizada a alteração do regime de teletrabalho para o presencial por determinação do empregador, garantido prazo de transição mínimo de quinze dias, com correspondente registro em aditivo contratual.

As regras estabelecidas no art. 75-C dizem respeito à necessidade de que a modalidade seja expressamente ajustada, e não objeto de acordo verbal, permitindo-se fungibilidade de regime a critério do empregador. Nessa circunstância, não poderia o empregado alegar que fora contratado para regime de teletrabalho, o que, evidentemente, lhe asseguraria maior liberdade. O texto é claro quanto à mutabilidade do regime, a depender de interesse e conveniência do EMPREGADOR.

> Art. 75-D. As disposições relativas à responsabilidade pela aquisição, manutenção ou fornecimento dos equipamentos tecnológicos e da infraestrutura necessária e adequada à prestação do trabalho remoto, bem como ao reembolso de despesas arcadas pelo empregado, serão previstas em contrato escrito.
> Parágrafo único. As utilidades mencionadas no caput deste artigo não integram a remuneração do empregado.

Esse é um tópico relevante, considerando que na modalidade teletrabalho, necessariamente, serão utilizados equipamentos como computadores, roteadores, equipamentos de redes, etc. Mister se faz, pois, a fixação das responsabilidades. Ressalta-se, de logo, que a disponibilidade desses equipamentos expressamente não é considerada como sendo salário *in natura*, pois se trata de mero instrumento de trabalho, mesmo que não se determine a exclusividade do uso.

Segue-se com uma norma de proteção ao trabalhador, no tocante ao exercício dos serviços nessas condições, o que se explica, inclusive, porque o trabalhador não estará diretamente sob a tutela, inclusive para fins de observação das cautelas referentes ao uso dos equipamentos, do empregador. As doenças enquadradas como LER são muito comuns no uso inadequado de equipamentos de informática, daí a salutar necessidade de "educação profissional", inclusive com a assunção de responsabilidade:

Art. 75-E. O empregador deverá instruir os empregados, de maneira expressa e ostensiva, quanto às precauções a tomar a fim de evitar doenças e acidentes de trabalho.
Parágrafo único. O empregado deverá assinar termo de responsabilidade comprometendo-se a seguir as instruções fornecidas pelo empregador.

## 8.1 Das alterações no regime de férias

Houve, também, alteração em relação ao regime de férias, ampliando-se a quantidade de unidades de fracionamento desse descanso anual.

O texto da Constituição Federal prevê as férias como um direito social fundamental.

Art. 7º (...)
XVII – gozo de férias anuais remuneradas com, pelo menos, um terço a mais do que o salário normal;

A ideia da anualidade e da preferencial por gozo integral, em um só período, já foi a regra. Na sequência, teve-se alteração para conversão de um terço em pecúnia.

*O texto da CLT anteriormente vigente estabelecia:*

Art. 134 – As férias serão concedidas por ato do empregador, em um só período, nos 12 (doze) meses subseqüentes à data em que o empregado tiver adquirido o direito. (Redação dada pelo Decreto-Lei nº 1.535, de 13.4.1977)
§1º – Somente em casos excepcionais serão as férias concedidas em 2 (dois) períodos, um dos quais não poderá ser inferior a 10 (dez) dias corridos. (Incluído pelo Decreto-Lei nº 1.535, de 13.4.1977)
§2º – Aos menores de 18 (dezoito) anos e aos maiores de 50 (cinqüenta) anos de idade, as férias serão sempre concedidas de uma só vez. (Incluído pelo Decreto-Lei nº 1.535, de 13.4.1977).

Observe-se que a partição do gozo de férias era exceção.
O novo texto ampliou para três períodos possíveis, o que nem sempre será favorável ao empregado, sobretudo em se tratando de trabalhador menos qualificado. Vai-se, paulatinamente, criando um modelo de pulverização desse direito. Evidentemente, a exigência de "concordância do empregado" é absolutamente inócua, considerando

que dificilmente teria ele condições de discordar da proposta do empregador, sem risco de perder o emprego.[11]

> Art. 134 (...)
> §1º Desde que haja concordância do empregado, as férias poderão ser usufruídas em até três períodos, sendo que um deles não poderá ser inferior a quatorze dias corridos e os demais não poderão ser inferiores a cinco dias corridos, cada um.

Passou-se a ter a possibilidade de partilha do gozo de férias em até três períodos, sendo um deles de pelo menos catorze dias. Evidentemente, em havendo conversão de um terço em indenização, ter-se-á um período de catorze dias e outro de seis.

Comparando-se com as fixações de férias em países da Europa Ocidental, com nível de direitos sociais mais evoluído (p. e., Alemanha),[12] nota-se uma forte tendência de "asiatização" do regime de férias, com enfraquecimento do período de descanso anual do obreiro.

---

[11] Quadro ilustrativo do tratamento do direito de férias em outros países, para fins de comparação:

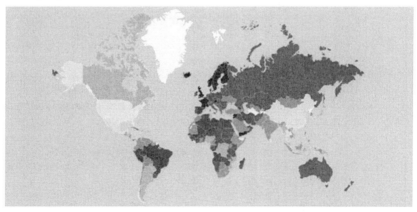

Minimum mandatory paid vacation days, normalized for a five-day workweek:

Disponível em: <https://en.wikipedia.org/wiki/List_of_minimum_annual_leave_by_country>.

[12] "In Germany the minimum holiday/vacation entitlement is 24 working days a year. This is based on a working week of six working days (excluding Sundays). The German system distinguishes between working days (*Werktage*) and office days (*Arbeitstage*). Since office days are generally only from Monday to Friday, the four-week minimum vacation amounts to 20 office days. Employers regularly grant more than the minimum vacation. Between 25 and 30 days per year is common practice" Disponível em: <http://www.howtogermany.com/pages/employee-rights>.

§2º (Revogado).

§3º É vedado o início das férias no período de dois dias que antecede feriado ou dia de repouso semanal remunerado. (NR)

A hipocrisia dessa e de outras disposições encontra-se na ressalva *desde que haja concordância do empregado.* Sabido é que, considerando a fragilidade do empregado, que se aguça na medida em que se está diante de trabalho menos especializado, a discordância será exceção.

# CAPÍTULO 9

# DO DANO EXTRAPATRIMONIAL

O texto da lei reformadora também procurou disciplinar a figura do dano extrapatrimonial e os contornos das indenizações decorrentes.

Para esse fim foram criadas balizas para regrar essa relevante matéria, inclusive com verdadeira tarifação módica dos valores das indenizações.

Foi introduzido um novo art. 223, na CLT, com seis alíneas e dois parágrafos, coma ressalva de serem aplicáveis:

> Art. 223-A. Aplicam-se à reparação de danos de natureza extrapatrimonial decorrentes. *apenas os dispositivos deste Título.*

O objetivo explícito desse comando é restringir a aplicação subsidiária do "direito comum" com o claro objetivo de mitigar a disciplina das indenizações por danos extrapatrimoniais, inclusive quantitativamente:

Lições relevantes foram olvidadas:

> A CLT está implicitamente conexa com demais regramentos de nosso ordenamento jurídico, o direito comercial, o direito civil, o direito penal, o direito ambiental e outras normas específicas, o direito do trabalho transcende diversas normas para a finalidade específica de preservar e garantir as relações que ensejam na atividade laborativa. Nesse diapasão, as considerações até aqui elencadas são de extrema relevância para o desenvolvimento de nosso trabalho, pois, a descoberta do dano

moral por descumprimento de obrigações trabalhistas remete ao estudo meticuloso do direito comum.[13]

Art. 223-B. Causa dano de natureza extrapatrimonial a ação ou omissão que ofenda a esfera moral ou existencial da pessoa física ou jurídica, as quais são as titulares exclusivas do direito à reparação.

Tem-se uma restrição no tocante à legitimação das indenizações. Em adequada interpretação, deve-se entender e os sucessores.

Art. 223-C. A honra, a imagem, a intimidade, a liberdade de ação, a autoestima, a sexualidade, a saúde, o lazer e a integridade física são os bens juridicamente tutelados inerentes à pessoa física.

Art. 223-D. A imagem, a marca, o nome, o segredo empresarial e o sigilo da correspondência são bens juridicamente tutelados inerentes à pessoa jurídica.

Esses dois dispositivos têm o objetivo de traçar baliza bem nítida e restritiva acerca dos bens objeto de tutela dentro do rótulo de indenização extrapatrimonial.

A evolução da responsabilidade civil no direito hodierno tornou possível a reparação de danos que ultrapassam o conjunto de bens meramente matrimonial.

Bens tão relevantes como a imagem, a honra, a intimidade merecem a mesma proteção que o patrimônio material (móveis, imóveis e semoventes) e imaterial (direitos autorais, marcas e patentes).

Não se pode, entretanto, compreender que a enumeração constante do novo texto trabalhista teria a característica de exaustão, trata-se de um conjunto aberto, elenco evidentemente incompleto. Em assim não se entendendo, ter-se-ia que lhe dar um caráter de limitador do reconhecimento de outros bens jurídicos.

Também as pessoas jurídicas, basicamente os empregadores, foram contempladas pelo dispositivo. Embora seja pacífico que não se pode falar em honra subjetiva de pessoa jurídica, a honra objetiva daquelas merece proteção. Danos morais podem ter como vítima pessoa jurídica.

Nesse sentido, entre outros:

STJ, 3.ª T., REsp 1032014-RS, rel. Min. Nancy Andrighi, j. 26.5.2009, DJ 4.6.2009: *"O dano moral corresponde, em nosso sistema legal, à lesão a direito de personalidade, ou seja, a bem não suscetível de avaliação em dinheiro*

---

[13] Disponível em: <https://jus.com.br/artigos/22185/o-dano-moral-decorrente-do-descumprimento-das-obrigacoes-trabalhistas>, de Walter Xavier da Cunha Filho.

[...] *Certos direitos de personalidade são extensíveis às pessoas jurídicas, nos termos do art. 52 do CC/02 e, entre eles, se encontra a identidade*. Ou, dentre outros – STJ, 4.ª T., REsp 60.033-2-MG, rel. Min. Ruy Rosado de Aguiar, j. 9.8.1995, DJ 27.11.1995, *verbis*: *"Quando se trata de pessoa jurídica, o tema da ofensa à honra propõe uma distinção inicial: a honra subjetiva, inerente à pessoa física, que está no psiquismo de cada um e pode ser ofendida com atos que atinjam a sua dignidade, respeito próprio, auto-estima, etc., causadores de dor, humilhação, vexame; a honra objetiva, externa ao sujeito, que consiste no respeito, admiração, apreço, consideração que os outros dispensam à pessoa. Por isso se diz ser a injúria um ataque à honra subjetiva, à dignidade da pessoa, enquanto que a difamação é ofensa à reputação que o ofendido goza no âmbito social onde vive. A pessoa jurídica, criação da ordem legal, não tem capacidade de sentir emoção e dor, estando por isso desprovida de honra subjetiva e imune à injúria. Pode padecer, porém, de ataque à honra objetiva, pois goza de uma reputação junto a terceiros, passível de ficar abalada por atos que afetam o seu bom nome no mundo civil ou comercial onde atua"*. Matéria essa já sumulada pelo STJ: Súmula n. 227:" *A pessoa jurídica pode sofrer dano moral*.[14]

Art. 223-E. São responsáveis pelo dano extrapatrimonial todos os que tenham colaborado para a ofensa ao bem jurídico tutelado, na proporção da ação ou da omissão.

Deve-se destacar algo relevante a partir desse texto. É possível construir-se que há a possibilidade teórica de solidariedade pelo dano extrapatrimonial causado entre pessoa física e a pessoa jurídica (p. e., entre o diretor e a pessoa jurídica). Tal significará uma analogia com situações existentes em vários segmentos do direito, como no campo ambiental.

---

[14] **Pessoa jurídica pode sofrer dano moral, mas apenas na hipótese em que haja ferimento à sua honra objetiva, isto é, ao conceito de que goza no meio social.** Embora a Súm. n. 227/STJ preceitue que "a pessoa jurídica pode sofrer dano moral", a aplicação desse enunciado é restrita às hipóteses em que há ferimento à honra objetiva da entidade, ou seja, às situações nas quais a pessoa jurídica tenha o seu conceito social abalado pelo ato ilícito, entendendo-se como honra também os valores morais, concernentes à reputação, ao crédito que lhe é atribuído, qualidades essas inteiramente aplicáveis às pessoas jurídicas, além de se tratar de bens que integram o seu patrimônio. Talvez por isso, o art. 52 do CC, segundo o qual se aplica "às pessoas jurídicas, no que couber, a proteção aos direitos da personalidade", tenha-se valido da expressão "no que couber", para deixar claro que somente se protege a honra objetiva da pessoa jurídica, destituída que é de honra subjetiva. O dano moral para a pessoa jurídica não é, portanto, o mesmo que se pode imputar à pessoa natural, tendo em vista que somente a pessoa natural, obviamente, tem atributos biopsíquicos. O dano moral da pessoa jurídica, assim sendo, está associado a um "desconforto extraordinário" que afeta o nome e a tradição de mercado, com repercussão econômica, à honra objetiva da pessoa jurídica, vale dizer, à sua imagem, conceito e boa fama, não se referindo aos mesmos atributos das pessoas naturais. Precedente citado: REsp 45.889-SP, DJ 15/8/1994. REsp 1.298.689-RS, Rel. Min. Castro Meira, julgado em 23/10/2012. Disponível em: <http://www.altosestudos.com.br/?p=50353>.

Art. 223-F. A reparação por danos extrapatrimoniais pode ser pedida cumulativamente com a indenização por danos materiais decorrentes do mesmo ato lesivo.

Essa previsão seria até desnecessária, pois, existente situação de danos de diversas ordens, pode o lesado exigir reparação integral, com a cumulação de pleitos indenizatórios, ou não.

§1º Se houver cumulação de pedidos, o juízo, ao proferir a decisão, discriminará os valores das indenizações a título de danos patrimoniais e das reparações por danos de natureza extrapatrimonial.

§2º A composição das perdas e danos, assim compreendidos os lucros cessantes e os danos emergentes, não interfere na avaliação dos danos extrapatrimoniais.

Art. 223-G. Ao apreciar o pedido, o juízo considerará:

I – a natureza do bem jurídico tutelado;

II – a intensidade do sofrimento ou da humilhação;

III – a possibilidade de superação física ou psicológica;

IV – os reflexos pessoais e sociais da ação ou da omissão;

V – a extensão e a duração dos efeitos da ofensa;

VI – as condições em que ocorreu a ofensa ou o prejuízo moral;

VII – o grau de dolo ou culpa;

VIII – a ocorrência de retratação espontânea;

IX – o esforço efetivo para minimizar a ofensa;

X – o perdão, tácito ou expresso;

XI – a situação social e econômica das partes envolvidas;

XII – o grau de publicidade da ofensa.

1º Se julgar procedente o pedido, o juízo fixará a indenização a ser paga, a cada um dos ofendidos, em um dos seguintes parâmetros, vedada a acumulação:

I – ofensa de natureza leve, até três vezes o último salário contratual do ofendido;

II – ofensa de natureza média, até cinco vezes o último salário contratual do ofendido;

III – ofensa de natureza grave, até vinte vezes o último salário contratual do ofendido;

IV – ofensa de natureza gravíssima, até cinquenta vezes o último salário contratual do ofendido.

§2º Se o ofendido for pessoa jurídica, a indenização será fixada com observância dos mesmos parâmetros estabelecidos no §1º deste artigo, mas em relação ao salário contratual do ofensor.

§3º Na reincidência entre partes idênticas, o juízo poderá elevar ao dobro o valor da indenização.

A principal observação a se fazer no tocante a essa fixação de *quantum* levando em consideração salário do lesado. Tal critério é injusto, pois qualifica a reparação em função de algo que se afasta da natureza e densidade do dano.

Não é crível se entender que se alguém percebe remuneração, p. e., de R$10.000,00 mensais deve ter como quantum de indenização dez vezes mais que a atribuível a um empregado que perceba R$1.000,00 mensais por dano extrapatrimonial de igual natureza.

O critério mais justo é o da intensidade do dano, e não o do padrão remuneratório.

Exemplificando-se: uma ofensa racial não terá menor dimensão se o ofendido for um humilde empregado, com percepção de salário de R$1600,00 e não um engenheiro com remuneração de R$12.000,00.

# CAPÍTULO 10

# INOVAÇÕES RELACIONADAS À INSALUBRIDADE E AO TRABALHO AUTÔNOMO E INTERMITENTE

O novel texto trouxe inovações em relação ao disciplinamento da insalubridade, representando, em isenta análise, restrições ao conjunto de proteções ao obreiro nesse campo.
Estabelece o texto:

Art. 394-A. Sem prejuízo de sua remuneração, nesta incluído o valor do adicional de insalubridade, a empregada deverá ser afastada de:
I – atividades consideradas insalubres em grau máximo, enquanto durar a gestação;
II – atividades consideradas insalubres em grau médio ou mínimo, quando apresentar atestado de saúde, emitido por médico de confiança da mulher, que recomende o afastamento durante a gestação;
III – atividades consideradas insalubres em qualquer grau, quando apresentar atestado de saúde, emitido por médico de confiança da mulher, que recomende o afastamento durante a lactação.

A definição de *insalubridade* corresponde à exposição de alguém acima do limite de tolerância aceitável, tal como previsto na NR 15: *Entende-se por "Limite de Tolerância", para os fins da Norma, a concentração ou intensidade máxima ou mínima, relacionada com a natureza e o tempo de exposição ao agente, que não causará dano à saúde do trabalhador, durante a sua vida laboral.*

Em relação às atividades em grau médio ou mínimo, há uma inversão lamentável. Observe-se que, em princípio a empregada grávida deverá, com a nova normatização, trabalhar, se designada, no local insalubre, cabendo a ela o ônus de apresentar atestado de "médico de confiança dela". Em verdade, não deveria imputar-se à empregada esse ônus.

Não se olvide que, em muitas circunstâncias, a empregada é atendida por médico de serviço público, não se valendo de "médico de família", ou "médico de confiança". Terá dificuldade de comprovar o que parece óbvio até ao leigo – o risco à saúde, sobretudo para o feto, em prestar serviços em local insalubre.

> §1º (...)
>
> §2º Cabe à empresa pagar o adicional de insalubridade à gestante ou à lactante, efetivando-se a compensação, observado o disposto no art. 248 da Constituição Federal, por ocasião do recolhimento das contribuições incidentes sobre a folha de salários e demais rendimentos pagos ou creditados, a qualquer título, à pessoa física que lhe preste serviço.
>
> §3º Quando não for possível que a gestante ou a lactante afastada nos termos do caput deste artigo exerça suas atividades em local salubre na empresa, a hipótese será considerada como gravidez de risco e ensejará a percepção de salário-maternidade, nos termos da Lei nº 8.213, de 24 de julho de 1991, durante todo o período de afastamento. (NR)

A hipótese desse parágrafo 3º impõe ônus ao sistema previdenciário, pois reconhecida a incompatibilidade de prestação de serviço da gestante em local insalubre, o ônus é transferido para a previdência social.

Outra sensível redução de direito foi a alteração do disposto no art. 396 da CLT.

Observe-se a redação anterior:

> Art. 396 – Para amamentar o próprio filho, até que este complete 6 (seis) meses de idade, a mulher terá direito, durante a jornada de trabalho, a 2 (dois) descansos especiais, de meia hora cada um.
>
> Parágrafo único – Quando o exigir a saúde do filho, o período de 6 (seis) meses poderá ser dilatado, a critério da autoridade competente.

Já o novo texto suprime essa fixação legal, remetendo-a para acordo entre as partes:

> Art. 396. (...)
>
> §2º Os horários dos descansos previstos no caput deste artigo deverão ser definidos em acordo individual entre a mulher e o empregador. (NR)

Inimaginável se fazer ajustes para redução desse nobre intervalo. Os bebês não amamentam às pressas, nem com a mesma velocidade. São valores eticamente inegociáveis.

Não é difícil, entretanto, imaginar-se da fragilidade da mulher, com filho pequeno, um bebê, de "negociar" com seu empregador, podendo "abrir mão" de fração desse tempo, por ajuste com o empregador.

Outro tópico relevante foi a alteração da disciplina referente à *contratação de autônomo e do trabalho intermitente*.

Dispõe o texto pertinente:

> Art. 442-B. A contratação do autônomo, cumpridas por este todas as formalidades legais, com ou sem exclusividade, de forma contínua ou não, afasta a qualidade de empregado prevista no art. 3º desta Consolidação.

O dispositivo visa enfatizar a possibilidade de contratação de autônomo, ou seja, aquele que presta serviços sem as características da relação de emprego, sobretudo a subordinação. Entre as hipóteses elencadas no dispositivo, sem dúvida, a situação mais difícil, no sentido de não ser caracterizada como relação de emprego, é a do *autônomo, com exclusividade*.

Poder-se-ia exemplificar: um médico especialista em doenças do trabalho, prestando serviços em seu consultório, para atender, exclusivamente, empregados da empresa. Dificilmente, estaria descaracterizada a relação de emprego, sobretudo com a agregação de outros elementos, como fixação de horário de atendimento, dias em que isso ocorreria etc., ou seja, a presença de elementos indicadores dos traços da relação. Seria de lembrar-se Américo Plá Rodrigues, quando se referia ao contrato de trabalho como contrato realidade.

> Art. 443. O contrato individual de trabalho poderá ser acordado tácita ou expressamente, verbalmente ou por escrito, por prazo determinado ou indeterminado, ou para prestação de trabalho intermitente.
> (...)
> §3º Considera-se como intermitente o contrato de trabalho no qual a prestação de serviços, com subordinação, não é contínua, ocorrendo com alternância de períodos de prestação de serviços e de inatividade, determinados em horas, dias ou meses, independentemente do tipo de atividade do empregado e do empregador, exceto para os aeronautas, regidos por legislação própria. (NR)

Esse regramento específico alcançará trabalhadores como garçons, safristas e quaisquer trabalhadores cujas atividades não sejam exercidas durante todo o ano, ou não exercidas com a necessidade de uniforme carga de trabalho. A figura do trabalhador intermitente gerará questionamentos sobretudo em relação a intermitências de longo prazo, como as mensais, pretendendo-se justificar tal situação pela permanência do contrato que teria períodos de "hibernação", ou de efetivas suspensões. Haverá, nessa modalidade, grande redução de custos, vantagem para o empregador, só para esse.

Ainda sobre o trabalho intermitente, deve-se observar o seguinte novel regramento:

> Art. 452-A. O contrato de trabalho intermitente deve ser celebrado por escrito e deve conter especificamente o valor da hora de trabalho, que não pode ser inferior ao valor horário do salário mínimo ou àquele devido aos demais empregados do estabelecimento que exerçam a mesma função em contrato intermitente ou não.

O dispositivo explicita algo que decorre da própria Constituição Federal, que é o valor da remuneração por hora não ser inferior ao do salário mínimo.

Por outro lado, há outra regra que estabelece a necessidade de identidade de valor remuneratório com empregados com contratos não intermitentes, exercendo a mesma função. Evidentemente, esse cotejo terá de ser com empregados com menos de dois anos de tempo de serviço de diferença, daqueles enquadráveis na hipótese de equiparação salarial, nos termos da CLT.

> §1º O empregador convocará, por qualquer meio de comunicação eficaz, para a prestação de serviços, informando qual será a jornada, com, pelo menos, três dias corridos de antecedência.
>
> §2º Recebida a convocação, o empregado terá o prazo de um dia útil para responder ao chamado, presumindo-se, no silêncio, a recusa.
>
> §3º A recusa da oferta não descaracteriza a subordinação para fins do contrato de trabalho intermitente.
>
> §4º Aceita a oferta para o comparecimento ao trabalho, a parte que descumprir, sem justo motivo, pagará à outra parte, no prazo de trinta dias, multa de 50% (cinquenta por cento) da remuneração que seria devida, permitida a compensação em igual prazo.
>
> §5º O período de inatividade não será considerado tempo à disposição do empregador, podendo o trabalhador prestar serviços a outros contratantes.
>
> §6º Ao final de cada período de prestação de serviço, o empregado receberá o pagamento imediato das seguintes parcelas:
>
> I – remuneração;
>
> II – férias proporcionais com acréscimo de um terço;
>
> III – décimo terceiro salário proporcional;
>
> IV – repouso semanal remunerado; e
>
> V – adicionais legais.
>
> §7º O recibo de pagamento deverá conter a discriminação dos valores pagos relativos a cada uma das parcelas referidas no §6º deste artigo.

§8º O empregador efetuará o recolhimento da contribuição previdenciária e o depósito do Fundo de Garantia do Tempo de Serviço, na forma da lei, com base nos valores pagos no período mensal e fornecerá ao empregado comprovante do cumprimento dessas obrigações.

Aqui não há multa rescisória, o que se explica pelo fato de não haver rompimento do vínculo trabalhista. Em tese, ter-se-á uma nova hipótese de saque de FGTS, embora sem acréscimo de multa. Tal tipo de contrato reduzirá o custo das contratações em empresas nas quais há grande variação sazonal de mão de obra.

§9º A cada doze meses, o empregado adquire direito a usufruir, nos doze meses subsequentes, um mês de férias, período no qual não poderá ser convocado para prestar serviços pelo mesmo empregador.

O texto pode gerar controvérsias. Há duas interpretações, em tese, possíveis. A primeira delas não foi o intuito do elaborador do texto. Considerar-se cada período doze meses após a assinatura do contrato. Nesse caso, ter-se-ia regime similar ao atualmente existente, mas com férias em período proporcional ao do regime de trabalho. Não se poderia falar em férias de um mês quando se trabalha apenas três dias por semana, a não ser que se entenda: as férias corresponderão à remuneração média dos trabalhos em um período mensal. A outra forma de interpretar é mais gravosa: seria entender-se que apenas após a prestação de serviços, excluídas as intermitências, alcançar 365 dias, ter-se-ia, então, o gozo de um mês de férias.

Ao que parece, ter-se-á a regra: que o trabalhador intermitente, independentemente da fórmula de remuneração, será convocável para o trabalho durante até onze meses por ano.

CAPÍTULO 11

# DA PREVALÊNCIA DAS CONVENÇÕES E ACORDOS SOBRE A LEI

Outra relevante alteração normativa foi a introdução de um parágrafo no art. 444 do texto consolidado ("Art. 444 – As relações contratuais de trabalho podem ser objeto de livre estipulação das partes interessadas em tudo quanto não contravenha às disposições de proteção ao trabalho, aos contratos coletivos que lhes sejam aplicáveis e às decisões das autoridades competentes").

Essa é, possivelmente, a maior mudança que a reforma consagra. Sabido é que o conjunto de normas que regem a vida em sociedade é composto por um segmento de comandos cogentes, oriundos do Estado, ou representado pela Constituição, pelas leis e por normas que as complementam; e outro segmento composto e formado pela manifestação das partes, ou de seus representantes, ou substitutos. Observe-se, por exemplo, o campo das relações de seguro. Embora, as relações contratuais sejam fruto do ajuste entre segurados e seguradoras, as principais cláusulas contratuais decorrem de comando legal, ou de previsões de cláusulas-padrão fixadas a partir de normas do CNSP (Conselho Nacional de Seguros Privados) e da SUSEP (Superintendência de Seguros Privados).[15]

---

[15] A SUSEP, p.e, pela Resolução nº 117, de 2004, estabelece **condições gerais**, fixa eventos que estão obrigatoriamente inseridos nas coberturas sinistrais e outros que não estarão:
"Art. 5º Considerar-se-ão, para efeitos desta Resolução, os conceitos abaixo: I – acidente pessoal: o evento com data caracterizada, exclusivo e diretamente externo, súbito, involuntário, violento, e causador de lesão física, que, por si só e independente de toda e qualquer outra causa, tenha como conseqüência direta a morte, ou a invalidez permanente, total ou parcial, do segurado, ou que torne necessário tratamento médico, observando-se que: a) incluem-se nesse conceito: a.1) o suicídio, ou a sua tentativa, que será

Essa é a grande questão que se impõe analisar. Ao valorizar, até hipervalorizar, a figura da livre manifestação de vontade, o legislador desprezou, visivelmente, o fato de um dos polos da relação contratual ser mais frágil, em muitas situações até "vulnerável" face ao outro elemento da relação contratual.

Acresça-se a isso o fato de os entes sindicais estarem, no momento atual, em fase de grande fragilização, que se iniciou, sobretudo, após a entrada em vigor da CF de 1988. Facilitou-se a criação dos entres sindicais que foram multiplicados, fragilizados e hoje não têm grande relevo nas relações trabalhistas.

> Art. 444. (...)
>
> Parágrafo único. A livre estipulação a que se refere o caput deste artigo aplica-se às hipóteses previstas no art. 611-A[16] desta Consolidação, com a

---

equiparado, para fins de indenização, a acidente pessoal, observada legislação em vigor; a.2) os acidentes decorrentes de ação da temperatura do ambiente ou influência atmosférica, quando a elas o segurado ficar sujeito, em decorrência de acidente coberto; a.3) os acidentes decorrentes de escapamento acidental de gases e vapores; a.4) os acidentes decorrentes de seqüestros e tentativas de seqüestros; e a.5) os acidentes decorrentes de alterações anatômicas ou funcionais da coluna vertebral, de origem traumática, causadas exclusivamente por fraturas ou luxações, radiologicamente comprovadas. b) excluem-se desse conceito: b.1) as doenças, incluídas as profissionais, quaisquer que sejam suas causas, ainda que provocadas, desencadeadas ou agravadas, direta ou indiretamente por acidente, ressalvadas as infecções, estados septicêmicos e embolias, resultantes de ferimento visível causado em decorrência de acidente coberto; b.2) as intercorrências ou complicações conseqüentes da realização de exames, tratamentos clínicos ou cirúrgicos, quando não decorrentes de acidente coberto; b.3) as lesões decorrentes, dependentes, predispostas ou facilitadas por esforços repetitivos ou microtraumas cumulativos, ou que tenham relação de causa e efeito com os mesmos, assim como as lesões classificadas como: Lesão por Esforços Repetitivos – LER, Doenças Osteomusculares Relacionadas ao Trabalho – DORT, Lesão por Trauma Continuado ou Contínuo – LTC, ou similares que venham a ser aceitas pela classe médico-científica, bem como as suas conseqüências pós tratamentos... (*verifique-se, pois, que as partes não têm liberdade de restringir esses conceitos*)".

16 "Art. 611-A. A convenção coletiva e o acordo coletivo de trabalho têm prevalência sobre a lei quando, entre outros, dispuserem sobre:
I – pacto quanto à jornada de trabalho, observados os limites constitucionais;
II – banco de horas anual;
III – intervalo intrajornada, respeitado o limite mínimo de trinta minutos para jornadas superiores a seis horas;
IV – adesão ao Programa Seguro-Emprego (PSE), de que trata a Lei nº 13.189, de 19 de novembro de 2015;
V – plano de cargos, salários e funções compatíveis com a condição pessoal do empregado, bem como identificação dos cargos que se enquadram como funções de confiança;
VI – regulamento empresarial;
VII – representante dos trabalhadores no local de trabalho;
VIII – teletrabalho, regime de sobreaviso, e trabalho intermitente;
IX – remuneração por produtividade, incluídas as gorjetas percebidas pelo empregado, e remuneração por desempenho individual;
X – modalidade de registro de jornada de trabalho;
XI – troca do dia de feriado;

mesma eficácia legal e preponderância sobre os instrumentos coletivos, no caso de empregado portador de diploma de nível superior e que perceba salário mensal igual ou superior a duas vezes o limite máximo dos benefícios do Regime Geral de Previdência Social. (NR)

Relevante destacar que essa previsão do citado art. 611-A é de *indiscutível inconstitucionalidade*, caso se pretenda entender essa prevalência (A convenção coletiva e o acordo coletivo de trabalho têm prevalência sobre a lei) significaria que, sempre, nessas situações indicadas no texto haveria prevalência do texto negociado.

Há situações em que, evidentemente, tal substituição do legislado pelo "negociado" é inconstitucional. Há inúmeras normas contidas na CLT e em normas extravagantes que se inserem nos direitos básicos do trabalhador, caracterização que as tornaria inarredáveis por ajuste entre o obreiro e o empregador.

Utilize-se a hipótese de grau de insalubridade. Tal não pode ser objeto de negociação. A caracterização de grau de insalubridade se faz a partir de aferição técnica. Hoje estabelece a NR 15:

15.1 São consideradas atividades ou operações insalubres as que se desenvolvem:
15.1.1 Acima dos limites de tolerância previstos nos Anexos n°s 1, 2, 3, 5, 11 e 12;
15.1.2 Revogado pela Portaria n° 3.751, de 23-11-1990 (DOU 26-11-90)
15.1.3 Nas atividades mencionadas nos Anexos n.°s 6, 13 e 14;

---

XII – enquadramento do grau de insalubridade;
XIII – prorrogação de jornada em ambientes insalubres, sem licença prévia das autoridades competentes do Ministério do Trabalho;
XIV – prêmios de incentivo em bens ou serviços, eventualmente concedidos em programas de incentivo;
XV – participação nos lucros ou resultados da empresa.
§1º No exame da convenção coletiva ou do acordo coletivo de trabalho, a Justiça do Trabalho observará o disposto no §3º do art. 8º desta Consolidação.
§2º A inexistência de expressa indicação de contrapartidas recíprocas em convenção coletiva ou acordo coletivo de trabalho não ensejará sua nulidade por não caracterizar um vício do negócio jurídico.
§3º Se for pactuada cláusula que reduza o salário ou a jornada, a convenção coletiva ou o acordo coletivo de trabalho deverão prever a proteção dos empregados contra dispensa imotivada durante o prazo de vigência do instrumento coletivo.
§4º Na hipótese de procedência de ação anulatória de cláusula de convenção coletiva ou de acordo coletivo de trabalho, quando houver a cláusula compensatória, esta deverá ser igualmente anulada, sem repetição do indébito.
§5º Os sindicatos subscritores de convenção coletiva ou de acordo coletivo de trabalho deverão participar, como litisconsortes necessários, em ação individual ou coletiva, que tenha como objeto a anulação de cláusulas desses instrumentos."

15.1.4 Comprovadas através de laudo de inspeção do local de trabalho, constantes dos Anexos nºs 7, 8, 9 e 10.

15.1.5 Entende-se por "Limite de Tolerância", para os fins desta Norma, a concentração ou intensidade máxima ou mínima, relacionada com a natureza e o tempo de exposição ao agente, que não causará dano à saúde do trabalhador, durante a sua vida laboral.

15.2 O exercício de trabalho em condições de insalubridade, de acordo com os subitens do item anterior, assegura ao trabalhador a percepção de adicional, incidente sobre o salário mínimo da região, equivalente a: (115.001-4/ I1)

15.2.1 40% (quarenta por cento), para insalubridade de grau máximo;

15.2.2 20% (vinte por cento), para insalubridade de grau médio;

15.2.3 10% (dez por cento), para insalubridade de grau mínimo;

15.3 No caso de incidência de mais de um fator de insalubridade, será apenas considerado o de grau mais elevado, para efeito de acréscimo salarial, sendo vedada a percepção cumulativa.

A aferição da insalubridade se faz por perícia, e a decorrente fixação de índice é atribuição da autoridade administrativa federal. Assim estabelece a NR:

15.4.1.1 Cabe à autoridade regional competente em matéria de segurança e saúde do trabalhador, comprovada a insalubridade por laudo técnico de engenheiro de segurança do trabalho ou médico do trabalho, devidamente habilitado, fixar adicional devido aos empregados expostos à insalubridade quando impraticável sua eliminação ou neutralização.

A margem de livre negociação é de ser balizada pelo interesse social, apreciável e detectável pelo Judiciário. Dá-se uma interpretação liberal a esse dispositivo em momento no qual se tem estrutura sindical extremamente fragilizada e tornar-se-á ainda mais com a queda de arrecadação compulsória; quando se tem um elevadíssimo nível de desemprego, é, sem dúvida, deixar-se o trabalhador abandonado.

Lamentável e inconstitucional a previsão: "enquadramento do grau de insalubridade; prorrogação de jornada em ambientes insalubres, sem licença prévia das autoridades competentes do Ministério do Trabalho".

*O grau de insalubridade, assim como o de periculosidade são aferíveis tecnicamente.* Possivelmente, o que se pretendeu, em viés exclusivamente econômico, foi aferir quanto o empregador "indenizaria o empregado por prestar serviços em local insalubre". Seria tornar negociável a exposição a que se submete o trabalhador.

Evidentemente que tal previsão de "negociabilidade" de tais temas agride o sentido da proteção ao ser humano inserida na Constituição.

Por outro lado, admitir-se exposição em local insalubre em jornada alongada por mero ajuste, sem a anuência do órgão federal regulador é uma grave agressão ao ser humano. Poder-se-ia, nessa linha, admitir-se prolongamento de jornada em minas de subsolo, em setores de doenças infectocontagiosas, em câmaras frigoríficas, e em outras situações similares. Essas opções agridem frontalmente a Constituição.

# CAPÍTULO 12

# DA RESPONSABILIDADE POR SUCESSÃO

A matéria referente ao crucial tema da responsabilidade por sucessão também foi objeto de mudança.

A previsão originária da CLT era bem mais singela. Estabelecia:

> Art. 448 – A mudança na propriedade ou na estrutura jurídica da empresa não afetará os contratos de trabalho dos respectivos empregados.

O tema da responsabilidade que implica custos foi objeto de preocupação sob a visão, sobretudo, econômica. No tocante aos serviços prestados por terceiros, a filosofia que inspirou a modificação é bastante clara.

Já no tocante à responsabilidade nas hipóteses de sucessão, seguiu-se a mesma tendência.

O texto originário da CLT era bastante claro. Preservava de modo cristalino o nível de responsabilidade para sucessores e sucedidos, embora a jurisprudência do TST mais recentemente venha se inclinando pela tese da responsabilidade da sucessora:

> *TST – RECURSO DE REVISTA RR 412009820085010051 (TST)*
> Data de publicação: 06/03/2015
> *Ementa:* RECURSO DE REVISTA. *SUCESSÃO TRABALHISTA.* ARRENDAMENTO MERCANTIL. Considerando as premissas fáticas fixadas no acórdão do Regional, de que a empresa Nolandis Empreendimentos e Participações Ltda continuou a explorar a mesma atividade-fim da Zoe do Brasil Participações Ltda, utilizando-se da mesma mão-de-obra e dos bens pertencentes à primeira reclamada, fica caracterizada a *sucessão trabalhista*, nos termos dos arts. 10 e 448 da CLT,

sendo indiferente o fato de a mudança ter decorrido mediante contrato de arrendamento. Recurso de revista a que se dá provimento.
*TST – RECURSO DE REVISTA RR 273008120095050025 (TST)*
Data de publicação: 15/05/2015
*Ementa:* AGRAVO DE INSTRUMENTO EM RECURSO DE REVISTA. SUCESSÃO TRABALHISTA. Uma vez demonstrada a viabilidade de processamento do recurso de revista por violação dos arts. 10 e 448 da CLT, impõe-se o provimento do agravo de instrumento. RECURSO DE REVISTA. *SUCESSÃO TRABALHISTA*. TERMO DE AJUSTAMENTO DE CONDUTA. MUNICÍPIO DE SALVADOR. NÃO CONFIGURAÇÃO. O Tribunal Regional, ao simplesmente entender que a Recorrida não é responsável pelas verbas de seus empregados, em face de assunção das obrigações *trabalhistas* pelo Município de Salvador, conferindo ao caso concreto todos os efeitos de uma *sucessão trabalhista* – mesmo reconhecendo que não se trata deste instituto –, violou os arts. 10 e 448 da CLT. Com efeito, o Termo de Ajustamento de Conduta não tem o condão de excluir a responsabilidade da Demandada de seus deveres como real empregadora dos Recorrentes, deixando-os ao alvedrio de acordos dos quais sequer participaram e alterando a polaridade de uma relação contratual que possuíam com a empresa Ré. Precedentes desta Corte. Recurso de revista conhecido e provido.
*TST – RECURSO DE REVISTA RR 1488520115040261 (TST)*
Data de publicação: 14/02/2014
*Ementa:* RECURSO DE REVISTA. *SUCESSÃO TRABALHISTA*. O Tribunal Regional, soberano na análise de fatos e provas, concluiu que, no presente caso, houve a *sucessão* de empregadores, visto a primeira reclamada (JBS S.A) ter ocupado as instalações anteriormente utilizadas pela segunda reclamada (BMZ Couros Ltda.) e que aquela explorou a mesma atividade econômica, sem solução de continuidade. In casu, restou incontroversa a *sucessão* de empregadores ocorrida, razão pela qual a recorrente, sociedade sucessora, deve responder integral e exclusivamente pelos créditos decorrentes do contrato de trabalho do reclamante. Sendo assim, a análise das alegações recursais em sentido diverso demandaria o reexame do conjunto fático-probatório dos autos, vedado nesta instância recursal, na forma da Súmula 126 do TST. Recurso de revista não conhecido. HONORÁRIOS ADVOCATÍCIOS. AUSÊNCIA DE ASSISTÊNCIA DE PATRONO CREDENCIADO PELO SINDICATO. A decisão regional está em dissonância das Súmulas 219 e 329 do TST. Recurso de revista conhecido e provido.
*TST – RECURSO DE REVISTA RR 14111620135090562 (TST)*
Data de publicação: 03/11/2015
*Ementa:* RECURSO DE REVISTA – *SUCESSÃO TRABALHISTA*. RESPONSABILIDADE EXCLUSIVA DA SUCESSORA. Prevalece nesta Corte o entendimento de que cabe unicamente à sucessora a responsabilidade pelos débitos *trabalhistas* dos empregados e ex-empregados

da empresa sucedida. Precedentes. Recurso de revista não conhecido. ADICIONAL DE INSALUBRIDADE. CANAVIEIRO. EXPOSIÇÃO A CALOR EXCESSIVO. A decisão do Tribunal Regional encontra-se em conformidade com a atual redação da Orientação Jurisprudencial 173, II, da SBDI-1 do TST, que estabelece que " Tem direito ao adicional de insalubridade o trabalhador que exerce atividade exposto ao calor acima dos limites de tolerância, inclusive em ambiente externo com carga solar, nas condições previstas no Anexo 3 da NR 15 da Portaria n.º 3214/78 do MTE". Recurso de Revista não conhecido. TROCA DE TALHÃO OU EITO. TEMPO À DISPOSIÇÃO DO EMPREGADOR. A decisão do Tribunal Regional encontra-se em conformidade com o entendimento desta Corte, no sentido de que o tempo da troca de talhão deve ser considerado tempo à disposição do empregador e, portanto, deve ser remunerado, conforme disposição do artigo 4º da CLT. Recurso de Revista não conhecido. HORAS IN ITINERE. NORMA COLETIVA. PREVISÃO DE PAGAMENTO DE FORMA SIMPLES, SEM A INCIDÊNCIA DO ADICIONAL E SEM REPERCUSSÃO NAS DEMAIS VERBAS. É inválida a previsão contida em norma coletiva de supressão do pagamento do adicional e dos reflexos das horas in itinere, por se tratar a incidência do adicional de direito indisponível e, portanto, infenso à negociação coletiva. Precedentes. Recurso de revista não conhecido.

O novo texto atribui a responsabilidade, na hipótese de sucessão, exclusivamente ao sucessor, mesmo que por fato ocorrido no período de gestão da sucedida. Observe-se o texto:

Art. 448-A. Caracterizada a sucessão empresarial ou de empregadores prevista nos arts. 10 e 448 desta Consolidação, as obrigações trabalhistas, inclusive as contraídas à época em que os empregados trabalhavam para a empresa sucedida, são de responsabilidade do sucessor.

E exceção contemplada é *exclusivamente na hipótese de fraude, que será, evidentemente, ônus do empregado/reclamante comprovar. Tal posicionamento deixa o obreiro, no tocante a esta matéria (sucessão), em posição bem mais fragilizada do que aquelas regidas por outros campos do direito, inclusive o tributário.*

Além disso, imputa-se ao obreiro o ônus de provar a existência de FRAUDE. *Observe-se o texto do parágrafo a seguir:*

Parágrafo único. A empresa sucedida responderá solidariamente com a sucessora *quando ficar comprovada fraude na transferência.*

Sem dúvida, ônus probatório que nem sempre será fácil ao trabalhador desincumbir-se. Relevante tecer-se paralelo com o tratamento dado à questão da sucessão em outros campos do direito, como, p. e., em matéria tributária. Nesse sentido, merece exame o tratamento dado a essa questão pelo CTN, arts. 128 a 133.

Esse ônus imputável ao obreiro *comprovar fraude na transferência*, isto é, demonstrar que houve intuito de retirar, por exemplo, suporte patrimonial, para futuras e eventuais demandas trabalhistas, enfraquece a relação e a pretensa preferência de créditos trabalhistas.

Não incumbirá, naturalmente, ao retirante comprovar a *não fraude*. Seria a comprovação de fato negativo. Pode, entretanto, a jurisprudência construir fato positivo a se provar: a observância das regras para a retirada e quanto ao mérito, ter havido, p. e., regular pagamento de participações societárias, ter remanescido a sociedade em adequadas condições patrimoniais de solvência, etc.

# CAPÍTULO 13

# DOS FARDAMENTOS E DAS VESTIMENTAS FUNCIONAIS, DAS EQUIPARAÇÕES E OUTROS TEMAS

O texto da reforma trabalhista imiscuiu-se também em questões de menor relevo aparente, como a definição de uniformes e outras espécies de vestimentas. A questão não tem, evidentemente, o mesmo relevo de outras questões de muito maior monta inseridas no texto. Não há, propriamente, "reforma trabalhista" acerca da matéria.

O texto, de qualquer modo, reforça o poder do empregador no tocante à fixação de vestimentas, uniformes e assemelhados, que, evidentemente, não poderão expor o empregado a situações vexatórias, inadequadas socialmente, etc.

> Art. 456-A. Cabe ao empregador definir o padrão de vestimenta no meio ambiente laboral, sendo lícita a inclusão no uniforme de logomarcas da própria empresa ou de empresas parceiras e de outros itens de identificação relacionados à atividade desempenhada.
>
> Parágrafo único. A higienização do uniforme é de responsabilidade do trabalhador, salvo nas hipóteses em que forem necessários procedimentos ou produtos diferentes dos utilizados para a higienização das vestimentas de uso comum.

O novel texto impõe ao trabalhador o ônus da preservação da vestimenta.

Esse dispositivo, reconhece-se, não é excessivo. Em alguns casos, relevante, até por razões de segurança do trabalho, como o uso de botas de proteção, etc.

Recordo fato relevante, ocorrido na década de setenta, quando fui empregado do Departamento Jurídico da Rede Ferroviária Federal S/A (RFFSA) e havia a obrigatoriedade do uso de fardamento e botas "vulcabrás" pelos operários da manutenção da via permanente. Como os calçados do tipo bota de cano curto eram mais "bonitos" do que os sapatos que muitos dispunham, guardavam as botas para usar nos finais de semana e queriam usar sapatos velhos, sem proteção. Necessário foi, no caso, a imposição de sanções.

Art. 457. (...)
§1º Integram o salário a importância fixa estipulada, as gratificações legais e as comissões pagas pelo empregador.

§2º As importâncias, ainda que habituais, pagas a título de ajuda de custo, auxílio-alimentação, vedado seu pagamento em dinheiro, diárias para viagem, prêmios e abonos não integram a remuneração do empregado, não se incorporam ao contrato de trabalho e não constituem base de incidência de qualquer encargo trabalhista e previdenciário.

Aqui se tem explicitação acerca da natureza indenizatória de ganhos pecuniários que não representam contraprestação pelo exercício do trabalho, tais como diárias de viagem.

No tocante aos *prêmios e bônus,* esses só devem ser considerados como indenizatórios se não representarem evidente forma de remuneração por produção. Em sendo expressão de parcela significativa dos valores percebidos pelo obreiro, poderá estar caracterizado, tão somente, um salário por produção, com incidência de previdência e todas as decorrências legais. Nesse sentido, podem ser citados alguns julgados dos tribunais trabalhistas:

*TRT-1 – Recurso Ordinário RO 1461000820095010081 RJ (TRT-1)*
*Data de publicação: 10/04/2013*
*Ementa:* RECURSO ORDINÁRIO. PAGAMENTO DE *COMISSÕES.* INTEGRAÇÃO DA MÉDIA NO PAGAMENTO DAS VERBAS RESILITÓRIAS. Restando incontroverso o pagamento de um acréscimo ao *salário* do Obreiro em razão das *vendas* efetuadas, seja ele denominado *prêmio* ou *comissão,* deverá a média de tal parcela incidir no cálculo das verbas resilitórias

*TRT-2 – RECURSO ORDINÁRIO RO 00019499220125020055 SP 00019499220125020055 A28 (TRT-2)*
*Data de publicação: 15/08/2014*
*Ementa:* BANCÁRIO. COMISSÕES. PAGAMENTO ATRAVÉS DE PROGRAMA DE PONTOS. INTEGRAÇÃO À REMUNERAÇÃO. Incontroverso que o autor recebia valores por *vendas* de produtos de

terceiros, os quais foram convertidos ao sistema de pontos para trocas em lojas conveniadas. Tendo a reclamada consentido que o empregado praticasse *venda* de produtos, durante o horário de trabalho, como parte de suas atribuições, em benefício de terceiros, componentes ou não do grupo econômico, tal fato assegura ao obreiro a *integração* dos valores recebidos à remuneração, a teor da Súmula 93 do C. TST, cujo conteúdo se aplica ao caso. A *venda* dos produtos foi realizada como parte das funções desempenhadas pelo bancário, em benefício direto do empreendimento negocial encetado pelo banco. E é óbvio que o banco não mobiliza seus quadros para a *venda* de produtos de terceiros por mera "caridade", seja em prol de tais empresas, seja em prol dos trabalhadores. Trata-se de atividade promovida e realizada no banco, por empregados deste e em prol dos interesses da instituição bancária no âmbito de suas parcerias e programas com empresas clientes, não lhe socorrendo a alegação de que a remuneração é realizada por terceiro, alheio ao pacto laboral. Tratando-se de suprimento econômico afeto ao contrato de trabalho, a responsabilidade pela *integração* à remuneração de seus funcionários é do reclamado, ainda que a *comissão* seja paga por terceiros. É cediço que o que é pago diretamente pelo empregador como contraprestação ao trabalho integra o campo do *salário*. Já a oportunidade de ganho que o empregador cria no âmbito do contrato, possibilitando ao empregado o recebimento indireto de valores pagos por terceiros (gorjetas, *comissões, prêmios* etc), gera um plus econômico que integra o campo da remuneração, consoante inteligência que se extrai do caput do art. 457 da CLT ("Compreendem-se na remuneração do empregado, para todos os efeitos legais, além do *salário* devido e pago diretamente pelo empregador, como contraprestação...

§4º Consideram-se prêmios as liberalidades concedidas pelo empregador em forma de bens, serviços ou valor em dinheiro a empregado ou a grupo de empregados, em razão de desempenho superior ao ordinariamente esperado no exercício de suas atividades. (NR)

Esta expressão, "desempenho superior ao ordinariamente esperado", terá que ser adequadamente verificada pelo Judiciário. Cria-se uma possibilidade subestimar o ordinariamente esperado para transformar verbas remuneratórias em indenizatórias, solução essa flagrantemente ilegal.

Art. 458. (...)
§5º O valor relativo à assistência prestada por serviço médico ou odontológico, próprio ou não, inclusive o reembolso de despesas com medicamentos, óculos, aparelhos ortopédicos, próteses, órteses, despesas médico-hospitalares e outras similares, mesmo quando concedido em diferentes modalidades de planos e coberturas, não integram o salário do empregado para qualquer efeito nem o salário de contribuição, para

efeitos do previsto na alínea *q* do §9º do art. 28 da Lei nº 8.212, de 24 de julho de 1991. (NR)

Essa matéria terminou por ser pacificada e, nesse ponto, é de se reconhecer que a aparente restrição termina por ser mais vantajosa ao obreiro. Muitas vezes, o empregador não disponibilizava esse tipo de vantagem, face aos custos adicionais da integração à remuneração. Julgados poderiam ser indicados pela tese "remuneratória" e outros mais recentes, do TST, no sentido do novo texto. Observe-se:

> *TST – EMBARGOS DECLARATORIOS RECURSO DE REVISTA E-ED-RR 7260408420015025555 726040-84.2001.5.02.5555 (TST)*
> *Data de publicação: 26/06/2009*
> Ementa: RECURSO DE EMBARGOS INTERPOSTO ANTES DA VIGÊNCIA DA LEI 11.496/2007. *ASSISTÊNCIA MÉDICA. INTEGRAÇÃO AO SALÁRIO.* NATUREZA SALARIAL. PROVIMENTO. Durante a vigência do contrato de trabalho mantido entre as partes litigantes, o caput do art. 458 da CLT reconhecia como parcela salarial as prestações in natura habitualmente fornecidas ao empregado. Dentre as exceções a esta regra, não se encontrava nenhuma disposição relativa à *assistência médica*, que somente foi incluída no texto legal por força da Lei n.º 10.243, de 19 de junho de 2001 – posterior ao término da relação empregatícia. Quanto aos demais argumentos apresentados pela Reclamada em sede de Recurso de Revista, concernentes à habitualidade e à gratuidade, não se vislumbra também nenhum impedimento para a *integração* da parcela à remuneração obreira. Embargos conhecidos por divergência jurisprudencial e providos, sendo restabelecida a sentença originária que determinou a *integração* da *assistência médica* à remuneração obreira.

E a tese hoje prevalente e adotada pelo legislador:

> RECURSO DE REVISTA RR 1225009719995010051 (TST)
> Data de publicação: 09/09/2016
> **Ementa:** na garantia do direito à saúde. Assim, considerar que a assistência médica gratuitamente fornecida ao empregado pelo empregador integra o salário gera uma ruptura no estímulo da sociedade (iniciativa privada) em preservar a existência digna do trabalhador. Portanto, adotando os fundamentos lançados pelo Exmo. Sr. Ministro Luiz Philippe Vieira de Mello Filho, em voto proferido nos autos do processo RR-9300-59.2006.5.04.0027, publicado no DEJT de 26/08/2011, entende-se que não prevalece a tese de integração da assistência médica ao salário da Reclamante, mesmo antes da edição da Lei 10.243/2011. Recurso de revista não conhecido.

Já o dispositivo referente à *equiparação salarial* também foi objeto de modificação. Dispunha:

> Art. 461. Sendo idêntica a função, a todo trabalho de igual valor prestado ao mesmo empregador, na mesma localidade, corresponderá igual salário, sem distinção de sexo, nacionalidade ou idade.
>
> §1º Trabalho de igual valor, para os fins dêste capítulo, será o que fôr feito com igual produtividade e com a mesma perfeição técnica entre pessoas cuja diferença de tempo de serviço não fôr superior a dois anos.
>
> §2º Os dispositivos dêste artigo não prevalecerão quando o empregador tiver pessoal organizado em quadro de carreira, hipótese em que as promoções deverão obedecer aos critérios de antiguidade e merecimento.
>
> §3º No caso do parágrafo anterior, as promoções deverão ser feitas alternadamente por merecimento e por antiguidade, dentro de cada categoria profissional.

Passou o dispositivo à seguinte redação:

> Art. 461. Sendo idêntica a função, a todo trabalho de igual valor, prestado ao mesmo empregador, *no mesmo estabelecimento empresarial*, corresponderá igual salário, sem distinção de sexo, etnia, nacionalidade ou idade.

Duas modificações vislumbram-se no texto:
1. A primeira ao alterar, a base da comparação que deixa de ser a localidade, podendo tal ser entendida como município ou região metropolitana, passando a ser o estabelecimento empresarial. Com essa modificação, em tese, poder-se-á ter empregados da mesma pessoa jurídica, com prestação de serviços de igual valor, para o mesmo empregador, na mesma localidade, com valores diferentes desde que prestados em estabelecimentos diversos.
2. A segunda alteração diz respeito ao tempo de serviço na empresa.

> §1º Trabalho de igual valor, para os fins deste Capítulo, será o que for feito com igual produtividade e com a mesma perfeição técnica, entre pessoas cuja diferença de tempo de serviço para o mesmo empregador não seja superior a quatro anos e a diferença de tempo na função não seja superior a dois anos.

Essa segunda alteração refere-se ao acréscimo de limitações quanto a requisitos para pretensão de eventual equiparação, passando-se a ter a necessidade de diferença de tempo de serviço para o mesmo empregador não superior a quatro anos, ao lado da já preexistente inexistência de diferença de tempo na função não superior a dois anos.

§2º Os dispositivos deste artigo não prevalecerão quando o empregador tiver pessoal organizado em quadro de carreira ou adotar, por meio de norma interna da empresa ou de negociação coletiva, plano de cargos e salários, dispensada qualquer forma de homologação ou registro em órgão público.

Aqui, a única modificação, no tocante a empresas com quadro de pessoal organizado, foi a supressão da homologação. Embora fosse ela relevante como elemento de controle, houve a explicitação da desnecessidade de qualquer forma de homologação ou registro em órgão público, como, por exemplo, a DRT. Mas, sem dúvida, o empregador deverá providenciar, até para fins de prova, qualquer forma válida de publicidade, para fins de comprovação.

§3º No caso do §2º deste artigo, as promoções poderão ser feitas por merecimento e por antiguidade, ou por apenas um destes critérios, dentro de cada categoria profissional.

(...)

§5º A equiparação salarial só será possível entre empregados contemporâneos no cargo ou na função, ficando vedada a indicação de paradigmas remotos, ainda que o paradigma contemporâneo tenha obtido a vantagem em ação judicial própria.

§6º No caso de comprovada discriminação por motivo de sexo ou etnia, o juízo determinará, além do pagamento das diferenças salariais devidas, multa, em favor do empregado discriminado, no valor de 50% (cinquenta por cento) do limite máximo dos benefícios do Regime Geral de Previdência Social. (NR)

Art. 468 (...)

Houve relevante alteração no tocante à supressão da habitualidade como elemento gerador do direito à incorporação de vantagens:

§2º A alteração de que trata o §1º deste artigo, com ou sem justo motivo, não assegura ao empregado o direito à manutenção do pagamento da gratificação correspondente, que não será incorporada, independentemente do tempo de exercício da respectiva função. (NR)

CAPÍTULO 14

# DAS ALTERAÇÕES NO TOCANTE À EXTINÇÃO DO CONTRATO DE TRABALHO

Houve, também, relevante alteração no tocante aos procedimentos relativos à extinção de contrato de trabalho. Esse tópico, seguindo a mesma filosofia da "reforma", buscou restringir direitos, ou pelo menos reduzir os papéis dos órgãos de controle sobre os processos de rescisão. Estabelecia a CLT:

Art. 477 – É assegurado a todo empregado, não existindo prazo estipulado para a terminação do respectivo contrato, e quando não haja êle dado motivo para cessação das relações de trabalho, o direto de haver do empregador uma indenização, paga na base da maior remuneração que tenha percebido na mesma emprêsa. (Redação dada pela Lei nº 5.584, de 26.6.1970)

§1º – O pedido de demissão ou recibo de quitação de rescisão, do contrato de trabalho, firmado por empregado com mais de 1 (um) ano de serviço, só será válido quando feito com a assistência do respectivo Sindicato ou perante a autoridade do Ministério do Trabalho e Previdência Social. (Redação dada pela Lei nº 5.584, de 26.6.1970)

§2º – O instrumento de rescisão ou recibo de quitação, qualquer que seja a causa ou forma de dissolução do contrato, deve ter especificada a natureza de cada parcela paga ao empregado e discriminado o seu valor, sendo válida a quitação, apenas, relativamente às mesmas parcelas. (Redação dada pela Lei nº 5.584, de 26.6.1970)

§3º – Quando não existir na localidade nenhum dos órgãos previstos neste artigo, a assistência será prestada pelo Represente do Ministério Público ou, onde houver, pelo Defensor Público e, na falta ou impedimento dêste, pelo Juiz de Paz. (Redação dada pela Lei nº 5.584, de 26.6.1970)

§4º – O pagamento a que fizer jus o empregado será efetuado no ato da homologação da rescisão do contrato de trabalho, em dinheiro ou em cheque visado, conforme acordem as partes, salvo se o empregado fôr analfabeto, quando o pagamento sòmente poderá ser feito em dinheiro. (Redação dada pela Lei nº 5.584, de 26.6.1970)

§5º – Qualquer compensação no pagamento de que trata o parágrafo anterior não poderá exceder o equivalente a um mês de remuneração do empregado

Nova redação:

Art. 477. Na extinção do contrato de trabalho, o empregador deverá proceder à anotação na Carteira de Trabalho e Previdência Social, comunicar a dispensa aos órgãos competentes e realizar o pagamento das verbas rescisórias no prazo e na forma estabelecidos neste artigo.

O dispositivo alterado afastou a necessidade de homologação pelo sindicato, ou por órgão oficial, como a DRT, na hipótese de rescisão contratual de empregado com mais de um ano de serviço. O parágrafo 1º do artigo que continha tal exigência foi objeto de emenda supressiva.

Substituiu-se a necessidade de homologação por mera comunicação *a posteriori*, sem qualquer sanção por omissão.

§1º (Revogado).
(...)
§3º (Revogado).

Também esse dispositivo que complementava a procedimentalização de homologação desapareceu. A rescisão contratual tornou-se mais simples e desapareceu com o novo texto a tutela ao trabalhador no momento da rescisão.

§4º O pagamento a que fizer jus o empregado será efetuado:
I – em dinheiro, depósito bancário ou cheque visado, conforme acordem as partes; ou
II – em dinheiro ou depósito bancário quando o empregado for analfabeto.
(...)
§6º A entrega ao empregado de documentos que comprovem a comunicação da extinção contratual aos órgãos competentes bem como o pagamento dos valores constantes do instrumento de rescisão ou recibo de quitação deverão ser efetuados até dez dias contados a partir do término do contrato.

a) (revogada);
b) (revogada).
§7º (Revogado).
(...)
§10. A anotação da extinção do contrato na Carteira de Trabalho e Previdência Social é documento hábil para requerer o benefício do seguro-desemprego e a movimentação da conta vinculada no Fundo de Garantia do Tempo de Serviço, nas hipóteses legais, desde que a comunicação prevista no caput deste artigo tenha sido realizada. (NR)
Art. 477-A. As dispensas imotivadas individuais, plúrimas ou coletivas equiparam-se para todos os fins, *não havendo necessidade de autorização prévia de entidade sindical ou de celebração de convenção coletiva ou acordo coletivo de trabalho para sua efetivação.*

Observa-se também aqui o afastamento de qualquer ente sindical desse delicado momento da vida do obreiro. Sem dúvida, tal terá como resultante ainda maior fragilização no papel das entidades sindicais.

O novo texto também trata dos programas de demissão voluntária, ou incentivada, que, por certo, serão utilizados pelas empresas para adequação ao novo modelo:

Art. 477-B. Plano de Demissão Voluntária ou Incentivada, para dispensa individual, plúrima ou coletiva, previsto em convenção coletiva ou acordo coletivo de trabalho, enseja quitação plena e irrevogável dos direitos decorrentes da relação empregatícia, salvo disposição em contrário estipulada entre as partes.

Acerca dos planos de demissão voluntária (PDVs), lecionava-se, com base em assente doutrina, como afirma Livia Nunes:

O Plano de Demissão Voluntária (PDV) é um instrumento utilizado tanto pelas empresas particulares quanto pelas estatais como forma de enxugamento do quadro de pessoal, visando otimização dos custos e racionalização na gestão de pessoas, tratando-se de uma forma menos traumática para o desligamento necessário de funcionários, movido pela reestruturação produtiva, privatização ou até mesmo em virtude de eventuais crises financeiras que atingem o país. Por meio do PDV as empresas conseguem se adequar ao tamanho do mercado. A adesão é ato bilateral, pelo qual os envolvidos, por concessões e ônus recíprocos, extinguem obrigações, sendo que o empregado recebe, além das verbas rescisórias, uma série de vantagens que não lhe seriam devidas caso tivesse sido dispensado imotivadamente. Cabe ressaltar que, embora apresente diversas vantagens para os empregados e empregadores, o PDV não tem o efeito de liquidar todos os débitos trabalhistas, mas sim apenas as parcelas e os valores contidos no recibo de quitação assinado pelo empregado que se demite ou aposenta. Assim, o documento de adesão ao plano de demissão voluntária por parte de empregado, embora seja uma transação, não envolve quitação ampla e geral de todos os direitos decorrentes do contrato de trabalho, bem como não produz efeito de coisa julgada, estando, pois, limitado às parcelas consignadas no documento rescisório, nos precisos termos do parágrafo 2º, do artigo 477, da CLT, dispondo no mesmo sentido a Orientação Jurisprudencial nº 270, da SDI-I, do Egrégio Tribunal Superior do Trabalho. De efeito, a interpretação da Súmula nº 330 do TST autoriza a conclusão de que a quitação tem eficácia liberatória somente em relação às parcelas consignadas no recibo. (http://www.conjur.com.br/2011-dez-30/plano-demissao-voluntaria-vantagens-empregado-empregador)

O novo texto legal, expressamente visa ampliar o universo da quitação na hipótese de PDV: *quitação plena e irrevogável dos direitos decorrentes da relação empregatícia.*

Afirmar-se-á que o trabalhador recebeu benefícios adicionais que compensariam eventuais direitos sonegados ou minorados durante a relação empregatícia. Resta ver como a Justiça do Trabalho interpretará tal dispositivo, mormente frente a situações de empregados menos qualificados.

Explicita-se, ainda, uma nova hipótese de demissão por justa causa:

Art. 482 (...)
m) perda da habilitação ou dos requisitos estabelecidos em lei para o exercício da profissão, em decorrência de conduta dolosa do empregado.

Tem-se nesse novo inciso mais uma hipótese de justa causa para rescisão contratual. Sempre se ressaltando que essa hipótese aplica-se quando o vínculo exercido pelo empregado refere-se àquela atividade na qual perdeu a habilitação para o seu exercício. Poder-se-iam apresentar vários exemplos: a) o médico que por ato praticado tem seu exercício de profissão cassado pelo Conselho de Medicina; b) o advogado com o registro cassado pela OAB; c) o motorista que perde a licença para dirigir veículos automotores.

Evidentemente que essa hipótese só é aplicável se o emprego exercido for na profissão alcançada pela sanção. Imagine-se que um médico é professor de biologia de um colégio. A cassação da licença como médico não o impedirá de continuar a exercer a atividade de professor.

Outro tema que foi objeto de modificação foi o referente à *extinção do contrato de trabalho por acordo entre as parte.*

Prevê o novo texto:

Art. 484-A. O contrato de trabalho poderá ser extinto por acordo entre empregado e empregador, caso em que serão devidas as seguintes verbas trabalhistas:

I – por metade:
a) o aviso prévio, se indenizado; e
b) a indenização sobre o saldo do Fundo de Garantia do Tempo de Serviço, prevista no §1º do art. 18 da Lei nº 8.036, de 11 de maio de 1990;
II – na integralidade, as demais verbas trabalhistas.

§1º A extinção do contrato prevista no caput deste artigo permite a movimentação da conta vinculada do trabalhador no Fundo de Garantia do Tempo de Serviço na forma do inciso I-A do art. 20 da Lei nº 8.036, de 11 de maio de 1990, limitada até 80% (oitenta por cento) do valor dos depósitos.

§2º A extinção do contrato por acordo prevista no caput deste artigo não autoriza o ingresso no Programa de Seguro-Desemprego.

Essa hipótese consagra relevante situação intermediária entre a demissão sem justa causa e o pedido de demissão por vontade do empregado. Têm-se em relação ao pedido de demissão algumas vantagens: Receber metade do aviso prévio, poder movimentar 80% dos depósitos fundiários, embora sem a incidência de multa rescisória e liberação das demais verbas. Pode-se tornar uma razoável opção em situações nas quais as relações se fragilizam, sem a imputação de conduta ilícita de quem quer que seja. Não poderá, entretanto, ser utilizado como vereda para redução dos valores devidos em rescisões imotivadas.

CAPÍTULO 15

# DA INTRODUÇÃO DA ARBITRAGEM NAS RELAÇÕES TRABALHISTAS, DAS QUITAÇÕES PARCIAIS, DAS REPRESENTAÇÕES DOS EMPREGADOS E DAS CONTRIBUIÇÕES SINDICAIS

A utilização da arbitragem representa uma forma de solução extrajudicial de conflitos que tem sido cada vez mais presente no direito brasileiro. Entende-se como pertinente a utilização desse instrumento no tocante aos conflitos entre pessoas que se encontram no mesmo patamar. Mais recentemente, tem-se a expansão, inclusive em relação aos conflitos envolvendo direitos patrimoniais disponíveis da Administração Pública. O grande risco que se pode ter em uma solução arbitral é quando há grande diferença econômica e social entre os conflitantes. Tal como na hipótese das relações de consumo. O mesmo risco aqui se acha presente.

> Art. 507-A. Nos contratos individuais de trabalho cuja remuneração seja superior a duas vezes o limite máximo estabelecido para os benefícios do Regime Geral de Previdência Social, poderá ser pactuada *cláusula compromissória de arbitragem*, desde que por iniciativa do empregado ou mediante a sua concordância expressa, nos termos previstos na Lei nº 9.307, de 23 de setembro de 1996.

A arbitragem abstratamente considerada não é um mal. Sobre esse tema já me manifestei em trabalho específico:

> com o Judiciário brasileiro assoberbado de processos, tentaram-se desenvolver mecanismos alternativos de solução de conflitos, como a arbitragem

e a mediação. Realce-se, de logo, que a arbitragem se consolidou nos sistemas jurídicos mais modernos como uma das alternativas mais relevantes de solução de conflitos, mormente quando instrumentos como a conciliação e a mediação mostram-se inviáveis. Como resume Tom Bingham: An alternative to mediation and conciliation is arbitration: the appointment of independent arbitrator, often chosen by the parties, to rule on their dispute according to the terms of reference they give him. This can only be done by agreement, before or after the dispute arises, but where it is done the arbitrator has authority to make an award is binding on the parties and enforceable by the process of the courts[20]. No modelo brasileiro, as soluções não judiciais de conflitos surgiram com relativo atraso e, mesmo atualmente, não alcançaram ainda a amplitude que seria de se esperar. Em relação à Administração Pública, a rejeição inicial, por força de expressa previsão legal, os temores, as desconfianças sempre rondaram essas fórmulas, pelo receio de captura dos órgãos de arbitragem, em um país tão afogado em pântano patrimonialista, com multifacetadas presenças de instrumentos de corrupção. Dentre os instrumentos alternativos, inseridos no modelo brasileiro e reconhecidos como constitucionais pelo Supremo Tribunal Federal, surgiram, pois, as figuras da arbitragem e da mediação.[17]

O grande entrave é a diferença de posição entre o empregado e o empregador. A situação é similar à de grande loja que pretende vender a consumidores modestos, com cláusula arbitral na compra e venda.

Essa introdução de cláusula compromissória de arbitragem parte de um patamar muito baixo como nível de remuneração, o que alcança a quase totalidade dos empregados em áreas como serviços bancários, industriários em geral, restando apenas um pequeno universo de empregados dela excluídos, e mesmo dentro desse universo representativo segmento estará incluído.

Além do mais, deve-se observar que a parte poderá pactuar a *cláusula arbitral* ou *compromissória* (que "é a cláusula onde as partes determinam que as disputas relativas a um contrato serão resolvidas através de arbitragem.") no nascedouro do contrato – https://arbitranet.com.br/clausula_arbitral/. Ter-se-á, evidentemente, a consequência de que quaisquer segmentos organizados só admitirão empregados com a aceitação de cláusula arbitral, devendo-se ter em conta que tal previsão poderá em muito levar a órgãos "julgadores" muito menos protetivos aos trabalhadores que a Justiça do Trabalho.

---

[17] CAVALCANTI, Francisco de Queiroz B. Considerações sobre a utilização da arbitragem nos conflitos envolvendo a ministração pública (a aplicação da Lei nº 13.129, de 26.05.2015). *Revista Acadêmica da Faculdade de Direito do Recife*, v. 87, n. 2, p. 10, jul./dez. 2015 Disponível em: <https://periodicos.ufpe.br/revistas/ACADEMICA/article/view/1697/1475>.

## 15.1 Da quitação anual de direitos trabalhistas

> Art. 507-B. É facultado a empregados e empregadores, na vigência ou não do contrato de emprego, firmar o termo de quitação anual de obrigações trabalhistas, perante o sindicato dos empregados da categoria.
> Parágrafo único. O termo discriminará as obrigações de dar e fazer cumpridas mensalmente e dele constará a quitação anual dada pelo empregado, com eficácia liberatória das parcelas nele especificadas.

Esse é outro dispositivo extremamente danoso ao trabalhador, considerando que a cada ano poderá quitar as parcelas trabalhistas do período. Muitos o farão, não se insurgirão como forma de manutenção do emprego. Em período de sindicalização excessivamente fragilizada, isso será um instrumento muito forte a ser utilizado pelos empregadores, que, se adequadamente orientados, esvaziarão pretensões de pagamentos de parcelas trabalhistas após rescisão, de alguma expressão.

Esse mecanismo de quitações parciais, anuais, por exemplo, como ocorre em relações continuadas de consumo. Aqui põe em risco, entretanto, a situação e o patrimônio jurídico do trabalhador. Qualquer empresa regularmente organizada realizará anualmente as quitações parciais, que se tornarão rotineiras, fazendo com que, ao final da relação, o universo discutível, em momento no qual o empregado, então ex-empregado, terá mais liberdade de agir.

*As representações de empregados* são também objeto de nova disciplina pela nova lei.

Observe-se o texto:

> Art. 510-A. Nas empresas com mais de duzentos empregados, é assegurada a eleição de uma comissão para representá-los, com a finalidade de promover-lhes o entendimento direto com os empregadores.
> §1º A comissão será composta:
> I – nas empresas com mais de duzentos e até três mil empregados, por três membros;
> II – nas empresas com mais de três mil e até cinco mil empregados, por cinco membros;
> III – nas empresas com mais de cinco mil empregados, por sete membros.
> §2º No caso de a empresa possuir empregados em vários Estados da Federação e no Distrito Federal, será assegurada a eleição de uma comissão de representantes dos empregados por Estado ou no Distrito Federal, na mesma forma estabelecida no §1º deste artigo.
> Art. 510-B. A comissão de representantes dos empregados terá as seguintes atribuições:
> I – representar os empregados perante a administração da empresa;

II – aprimorar o relacionamento entre a empresa e seus empregados com base nos princípios da boa-fé e do respeito mútuo;

III – promover o diálogo e o entendimento no ambiente de trabalho com o fim de prevenir conflitos;

IV – buscar soluções para os conflitos decorrentes da relação de trabalho, de forma rápida e eficaz, visando à efetiva aplicação das normas legais e contratuais;

V – assegurar tratamento justo e imparcial aos empregados, impedindo qualquer forma de discriminação por motivo de sexo, idade, religião, opinião política ou atuação sindical;

VI – encaminhar reivindicações específicas dos empregados de seu âmbito de representação;

VII – acompanhar o cumprimento das leis trabalhistas, previdenciárias e das convenções coletivas e acordos coletivos de trabalho.

§1º As decisões da comissão de representantes dos empregados serão sempre colegiadas, observada a maioria simples.

§2º A comissão organizará sua atuação de forma independente.

As Comissões de empregados tal como estruturadas poderão significar o elo entre o empregador e os empregados e, por outro lado, enfraquecimento das estruturas sindicais, já combalidas pela falta de receita definida. Evidentemente que o maior risco dessas estruturas é de se transformarem em meros instrumentos assistenciais, capturados e a serviço do empregador, embora com concessões mitigadas para os empregados.

A forma de composição é formalmente razoável, assegurando-se estabilidade temporária e evitando os "sindicalistas profissionais e duradouros".

Art. 510-C. A eleição será convocada, com antecedência mínima de trinta dias, contados do término do mandato anterior, por meio de edital que deverá ser fixado na empresa, com ampla publicidade, para inscrição de candidatura.

§1º Será formada comissão eleitoral, integrada por cinco empregados, não candidatos, para a organização e o acompanhamento do processo eleitoral, vedada a interferência da empresa e do sindicato da categoria.

§2º Os empregados da empresa poderão candidatar-se, exceto aqueles com contrato de trabalho por prazo determinado, com contrato suspenso ou que estejam em período de aviso prévio, ainda que indenizado.

§3º Serão eleitos membros da comissão de representantes dos empregados os candidatos mais votados, em votação secreta, vedado o voto por representação.

§4º A comissão tomará posse no primeiro dia útil seguinte à eleição ou ao término do mandato anterior.

§5º Se não houver candidatos suficientes, a comissão de representantes dos empregados poderá ser formada com número de membros inferior ao previsto no art. 510-A desta Consolidação.

§6º Se não houver registro de candidatura, será lavrada ata e convocada nova eleição no prazo de um ano.

Art. 510-D. O mandato dos membros da comissão de representantes dos empregados será de um ano.

§1º O membro que houver exercido a função de representante dos empregados na comissão não poderá ser candidato nos dois períodos subsequentes.

§2º O mandato de membro de comissão de representantes dos empregados não implica suspensão ou interrupção do contrato de trabalho, devendo o empregado permanecer no exercício de suas funções.

§3º Desde o registro da candidatura até um ano após o fim do mandato, o membro da comissão de representantes dos empregados não poderá sofrer despedida arbitrária, entendendo-se como tal a que não se fundar em motivo disciplinar, técnico, econômico ou financeiro.

§4º Os documentos referentes ao processo eleitoral devem ser emitidos em duas vias, as quais permanecerão sob a guarda dos empregados e da empresa pelo prazo de cinco anos, à disposição para consulta de qualquer trabalhador interessado, do Ministério Público do Trabalho e do Ministério do Trabalho.

Aqui se tem, evidentemente, no mundo fático, um elemento de enfraquecimento sindical. Essas comissões ocuparão, com certeza, muitos dos espaços hoje preenchidos por combalidas entidades sindicais.

## 15.2 Das contribuições sindicais obrigatórias

Uma das principais modificações trazidas pelo novo texto foi em relação às finanças sindicais e a supressão da mais estável fonte de financiamento. Observe-se a nova normatização:

Art. 545. Os empregadores ficam obrigados a descontar da folha de pagamento dos seus empregados, *desde que por eles devidamente autorizados*, as contribuições devidas ao sindicato, quando por este notificados.

Esse dispositivo consagra a contribuição voluntária, hoje pouco expressiva, entre os trabalhadores brasileiros, com nível de sindicalização bastante baixa.[18] Desaparece a contribuição obrigatória, coloquialmente conhecida como "imposto sindical" que "sustenta" a

---

[18] Pesquisa divulgada nesta quarta-feira (26) pelo Instituto Brasileiro de Geografia e Estatística (IBGE) aponta que, em 2015, 19,5% dos trabalhadores brasileiros eram sindicalizados.

estrutura sindical brasileira, distribuída antiga contribuição obrigatória da seguinte maneira: nos seguintes percentuais: 60% para os sindicatos; 15% para as federações; 5% para as confederações; 10% para a "Conta Especial Emprego e Salário" e 10% para as centrais sindicais.

## 15.3 Ainda o direito sindical: contribuições, convenções e outras questões

A CLT, até a recente alteração, previa como principal fonte de receita dos entes sindicais de empregados e de empregadores as contribuições compulsórias, popularmente conhecidas como "imposto sindical", como se pode observar do texto revogado da CLT:

> Art. 578 – As contribuições devidas aos Sindicatos pelos que participem das categorias econômicas ou profissionais ou das profissões liberais representadas pelas referidas entidades serão, sob a denominação do "imposto sindical", pagas, recolhidas e aplicadas na forma estabelecida neste Capítulo. (Vide Decreto-Lei nº 229, de 1967) (Vide Lei nº 11.648, de 2008)
>
> Art. 579 – A contribuição sindical é devida por todos aquêles que participarem de uma determinada categoria econômica ou profissional, ou de uma profissão liberal, em favor do sindicato representativo da mesma categoria ou profissão ou, inexistindo êste, na conformidade do disposto no art. 591. (Redação dada pelo Decreto-Lei nº 229, de 28.2.1967) (Vide Lei nº 11.648, de 2008)
>
> Art. 580. A contribuição sindical será recolhida, de uma só vez, anualmente, e consistirá: (Redação dada pela Lei nº 6.386, de 9.12.1976) (Vide Lei nº 11.648, de 2008)

---

O estudo mostra que o principal motivo para a não associação era desconhecer qual sindicato representava a categoria.
Dentre os trabalhadores não sindicalizados, 26,4% afirmaram que não sabiam qual era a sua entidade representativa. Outros 23,6% disseram que não se sindicalizavam porque o sindicato não oferecia serviços que lhes interessavam.
Já entre aqueles que se filiaram a algum sindicato, 50,8% disseram que se associaram por acreditar que a entidade defendia os direitos dos trabalhadores e 79,1% não usavam os serviços oferecidos pelos sindicatos.
Atendimento médico ou odontológico era o serviço mais utilizado pelos sindicalizados, seguido pelo atendimento jurídico – respectivamente 40,5% e 39,9%. Disponível em: <http://g1.globo.com/economia/noticia/menos-de-20-dos-trabalhadores-sao-sindicalizados-no-brasil-aponta-ibge.>, em 26.04.2017>.
Merece consulta sobre essa matéria: Aspectos das Relações de Trabalho e sindicalização: Rio de Janeiro – 2017: IBGE, também disponível meio digital: Disponível em: <http://biblioteca.ibge.gov.br/visualizacao/livros/liv100322.pdf>.

I – Na importância correspondente à remuneração de um dia de trabalho, para os empregados, qualquer que seja a forma da referida remuneração; (Redação dada pela Lei nº 6.386, de 9.12.1976)

II – para os agentes ou trabalhadores autônomos e para os profissionais liberais, numa importância correspondente a 30% (trinta por cento) do maior valor-de-referência fixado pelo Poder Executivo, vigente à época em que é devida a contribuição sindical, arredondada para Cr$ 1,00 (um cruzeiro) a fração porventura existente; (Redação dada pela Lei nº 7.047, de 1º.12.1982)

III – para os empregadores, numa importância proporcional ao capital social da firma ou empresa, registrado nas respectivas Juntas Comerciais ou órgãos equivalentes, mediante a aplicação de alíquotas, conforme a seguinte tabela progressiva: (Redação dada pela Lei nº 7.047, de 1º.12.1982)

| Classe de Capital | | Alíquota |
|---|---|---|
| 1. | até 150 vezes o maior valor-de-referência | 0,8% |
| 2. | acima de 150 até 1.500 vezes o maior valor-de-referência....... | 0,2% |
| 3. | acima de 1.500 até 150.000 vezes o maior valor-de-referência... | 0,1% |
| 4. | acima de 150.000 até 800.000 vezes o maior valor-de-referência......... | 0,02% |

§1º A contribuição sindical prevista na tabela constante do item III deste artigo corresponderá à soma da aplicação das alíquotas sobre a porção do capital distribuído em cada classe, observados os respectivos limites. (Redação dada pela Lei nº 6.386, de 9.12.1976)

As alterações introduzidas foram drásticas, deixou-se a compulsoriedade e partiu-se para a voluntariedade, o que em época de tanta crise significará evidentemente uma muito expressiva redução do montante que será arrecadado e, por certo, a insolvência de muitas entidades sindicais, de empregados... e de empregadores.

A nova e liberalizante redação:

Art. 579. O desconto da contribuição sindical *está condicionado à autorização prévia e expressa dos que participarem de uma determinada categoria econômica ou profissional, ou de uma profissão liberal, em favor do sindicato representativo da mesma categoria ou profissão* ou, inexistindo este, na conformidade do disposto no art. 591 desta Consolidação. (NR)

Art. 582. Os empregadores são obrigados a descontar da folha de pagamento de seus empregados relativa ao mês de março de cada ano a contribuição sindical dos empregados *que autorizaram prévia e expressamente o seu recolhimento aos respectivos sindicatos.*

(...) (NR)

Art. 583. O recolhimento da contribuição sindical referente aos empregados e trabalhadores avulsos será efetuado no mês de abril de cada ano, e o relativo aos agentes ou trabalhadores autônomos e profissionais liberais realizar-se-á no mês de fevereiro, observada a exigência de autorização prévia e expressa prevista no art. 579 desta Consolidação.
(...) (NR)

Art. 587. Os empregadores que optarem pelo recolhimento da contribuição sindical deverão fazê-lo no mês de janeiro de cada ano, ou, para os que venham a se estabelecer após o referido mês, na ocasião em que requererem às repartições o registro ou a licença para o exercício da respectiva atividade. (NR)

Art. 602. Os empregados que não estiverem trabalhando no mês destinado ao desconto da contribuição sindical e que *venham a autorizar prévia e expressamente o recolhimento serão descontados no primeiro mês subsequente ao do reinício do trabalho.*
(...) (NR)

O desconto compulsório desaparece, em época na qual a margem de sindicalização é muito baixa e o nível de desemprego extremamente elevado.[19]

---

[19] Observe-se a análise do IBGE:
A taxa de desocupação no país continua em alta e o país tem agora 14,2 milhões de desempregados no trimestre encerrado em março, número 14,9% superior ao trimestre imediatamente anterior (outubro, novembro e dezembro de 2016) – o equivalente a 1,8 milhão de pessoas a mais desocupadas.
Os dados fazem parte da Pesquisa Nacional por Amostra de Domicílios Contínua (Pnad Contínua) divulgada hoje, no Rio de Janeiro, pelo Instituto Brasileiro de Geografia e Estatística (IBGE) com os resultados do primeiro trimestre. No trimestre encerrado em fevereiro, o Brasil tinha 13 milhões de desempregados.
Segundo o IBGE, a taxa de desocupação fechou março em 13,7% com alta de 1,7 ponto percentual frente ao trimestre outubro/dezembro de 2016, quando o desemprego estava em 12%. Em relação aos 10,9% da taxa de desemprego do trimestre móvel de igual período do ano passado, a alta foi de 2,8 pontos percentuais. Essa foi a maior taxa de desocupação da série histórica, iniciada no primeiro trimestre de em 2012.
Em relação ao primeiro trimestre móvel do ano passado, a alta da taxa de desocupação chegou a 27,8%, o que significa que mais 3,1 milhões de pessoas estão procurando.
**População ocupada recua**
A população ocupada do país no trimestre móvel encerrado em março ficou em 88,9 milhões de pessoas, recuando tanto em relação ao trimestre imediatamente anterior (outubro, novembro e dezembro) quanto ao primeiro trimestre móvel do ano passado.
Os números da Pnad Contínua divulgados hoje pelo IBGE indicam ainda que, em relação ao último trimestre de 2016, a queda foi de 1,5%, ou menos 1,3 milhão de pessoas ocupadas, enquanto em relação aos três primeiros meses de 2016 a retração chegou a 1,9%, ou menos 1,7 milhão de pessoas.
Disponível em: <http://agenciabrasil.ebc.com.br/economia/noticia/2017-04/ibge-total-de-desempregados-cresce-e-atinge-14,2-milhoes> –capturado em 28.04.2017>.

Esse novo dispositivo trata de questão de extrema importância, que tem abordagem mais teórica, que é a referente ao refluxo de direitos sociais e ao afastamento de normas legais cogentes.

O novel art. 611-A foi introduzido no capítulo das CONVENÇÕES COLETIVAS DE TRABALHO.

Esse capítulo inicia-se com o art. 611, que estabelece:

> Art. 611 – Convenção Coletiva de Trabalho é o acôrdo de caráter normativo, pelo qual dois ou mais Sindicatos representativos de categorias econômicas e profissionais estipulam condições de trabalho aplicáveis, no âmbito das respectivas representações, às relações individuais de trabalho. (Redação dada pelo Decreto-Lei nº 229, de 28.2.1967)
>
> §1º É facultado aos Sindicatos representativos de categorias profissionais celebrar Acordos Coletivos com uma ou mais emprêsas da correspondente categoria econômica, que estipulem condições de trabalho, aplicáveis no âmbito da emprêsa ou das acordantes respectivas relações de trabalho. (Redação dada pelo Decreto-Lei nº 229, de 28.2.1967)
>
> §2º As Federações e, na falta desta, as Confederações representativas de categorias econômicas ou profissionais poderão celebrar convenções coletivas de trabalho para reger as relações das categorias a elas vinculadas, inorganizadas em Sindicatos, no âmbito de suas representações. (Redação dada pelo Decreto-Lei nº 229, de 28.2.1967)

Historicamente, esse relevante instrumento (Convenção Coletiva de Trabalho) foi concebido como ferramenta para, ao lado da lei, melhorar, aprimorar as relações de trabalho, e não para afastar a incidência de normas legais tipicamente protetivas e, por conseguinte, inarredáveis, representando um mínimo e não uma alternativa.

O texto novo altera essa filosofia e, evidentemente, em várias passagens agride direitos sociais inseridos no texto constitucional.

Dispõe o introduzido artigo:

> Art. 611-A. A convenção coletiva e o acordo coletivo de *trabalho têm prevalência sobre a lei quando, entre outros, dispuserem sobre:*
>
> I – *pacto quanto à jornada de trabalho*, observados os limites constitucionais;
>
> II – banco de horas anual;
>
> III – *intervalo intrajornada*, respeitado o limite mínimo de trinta minutos para jornadas superiores a seis horas;
>
> IV – adesão ao Programa Seguro-Emprego (PSE), de que trata a *Lei nº 13.189, de 19 de novembro de 2015*;
>
> V – plano de cargos, salários e funções compatíveis com a condição pessoal do empregado, bem como identificação dos cargos que se enquadram como funções de confiança;
>
> VI – regulamento empresarial;

VII – representante dos trabalhadores no local de trabalho;
VIII – teletrabalho, regime de sobreaviso, e trabalho intermitente;
IX – *remuneração por produtividade, incluídas as gorjetas percebidas pelo empregado, e remuneração por desempenho individual;*
X – *modalidade de registro de jornada de trabalho;*
XI – troca do dia de feriado;
XII – *enquadramento do grau de insalubridade;*
XIII – *prorrogação de jornada em ambientes insalubres, sem licença prévia das autoridades competentes do Ministério do Trabalho;*
XIV – prêmios de incentivo em bens ou serviços, eventualmente concedidos em programas de incentivo;
XV – participação nos lucros ou resultados da empresa.

§1º No exame da convenção coletiva ou do acordo coletivo de trabalho, a Justiça do Trabalho observará o disposto no §3º do art. 8º desta Consolidação.

Aqui se tem alguns exemplos gritantes de agressão aos direitos mínimos dos trabalhadores. Não é possível aceitar-se que por convenção coletiva poder-se-á, à margem da lei, e sobre ela prevalecendo, fixar *prorrogação de jornada em ambientes insalubres, sem licença prévia das autoridades competentes do Ministério do Trabalho, ou intervalo intrajornada, respeitado o limite mínimo de trinta minutos para jornadas superiores a seis horas; ou – enquadramento do grau de insalubridade.*

Esses são apenas alguns dos inaceitáveis exemplos de gravíssimas violações de direitos previstos no texto legal.

O parágrafo 2º desse artigo, ao prever que a inexistência de expressa indicação de contrapartidas recíprocas não geraria, ou gerará nulidade, é também inaceitável.

Esse é outro dispositivo merecedor de profunda repulsa. A inexistência de contrapartida recíproca em convenções pode representar um claro exemplo de instrumento draconiano, violador de direito fundamental, não se podendo de antemão afirmar:... não ensejará sua nulidade por não caracterizar um vício do negócio jurídico.

Segue o texto:

§3º Se for pactuada cláusula que reduza o salário ou a jornada, a convenção coletiva ou o acordo coletivo de trabalho deverão prever a proteção dos empregados contra dispensa imotivada durante o prazo de vigência do instrumento coletivo.

§4º Na hipótese de procedência de ação anulatória de cláusula de convenção coletiva ou de acordo coletivo de trabalho, quando houver a cláusula compensatória, esta deverá ser igualmente anulada, sem repetição do indébito.

§5º Os sindicatos subscritores de convenção coletiva ou de acordo coletivo de trabalho deverão participar, como litisconsortes necessários, em ação individual ou coletiva, que tenha como objeto a anulação de cláusulas desses instrumentos.

Tal dispositivo consagra um flagrante equívoco: a convenção cria uma norma jurídica. Tal como uma resolução do BACEN, da ANEEL, e esses entes partícipes das normatizações não são litisconsortes nas demandas jurídicas entre os normatizados. O que se pretende com essa redação é lançar o sindicato, mesmo do obreiro, para a condição de litisconsorte passivo junto ao empregador em defesa de convenção, quando impugnada.

>Art. 611-B. Constituem objeto ilícito de convenção coletiva ou de acordo coletivo de trabalho, exclusivamente, a supressão ou a redução dos seguintes direitos:
>I – normas de identificação profissional, inclusive as anotações na Carteira de Trabalho e Previdência Social;
>II – seguro-desemprego, em caso de desemprego involuntário;
>III – valor dos depósitos mensais e da indenização rescisória do Fundo de Garantia do Tempo de Serviço (FGTS);
>IV – salário mínimo;
>V – valor nominal do décimo terceiro salário;
>VI – remuneração do trabalho noturno superior à do diurno;
>VII – proteção do salário na forma da lei, constituindo crime sua retenção dolosa;
>VIII – salário-família;
>IX – repouso semanal remunerado;
>X – remuneração do serviço extraordinário superior, no mínimo, em 50% (cinquenta por cento) à do normal;
>XI – número de dias de férias devidas ao empregado;
>XII – gozo de férias anuais remuneradas com, pelo menos, um terço a mais do que o salário normal;
>XIII – licença-maternidade com a duração mínima de cento e vinte dias;
>XIV – licença-paternidade nos termos fixados em lei;
>XV – proteção do mercado de trabalho da mulher, mediante incentivos específicos, nos termos da lei;
>XVI – aviso prévio proporcional ao tempo de serviço, sendo no mínimo de trinta dias, nos termos da lei;
>XVII – normas de saúde, higiene e segurança do trabalho previstas em lei ou em normas regulamentadoras do Ministério do Trabalho;
>XVIII – adicional de remuneração para as atividades penosas, insalubres ou perigosas;

XIX – aposentadoria;

XX – seguro contra acidentes de trabalho, a cargo do empregador;

XXI – ação, quanto aos créditos resultantes das relações de trabalho, com prazo prescricional de cinco anos para os trabalhadores urbanos e rurais, até o limite de dois anos após a extinção do contrato de trabalho;

XXII – proibição de qualquer discriminação no tocante a salário e critérios de admissão do trabalhador com deficiência;

XXIII – proibição de trabalho noturno, perigoso ou insalubre a menores de dezoito anos e de qualquer trabalho a menores de dezesseis anos, salvo na condição de aprendiz, a partir de quatorze anos;

XXIV – medidas de proteção legal de crianças e adolescentes;

XXV – igualdade de direitos entre o trabalhador com vínculo empregatício permanente e o trabalhador avulso;

XXVI – liberdade de associação profissional ou sindical do trabalhador, inclusive o direito de não sofrer, sem sua expressa e prévia anuência, qualquer cobrança ou desconto salarial estabelecidos em convenção coletiva ou acordo coletivo de trabalho;

XXVII – direito de greve, competindo aos trabalhadores decidir sobre a oportunidade de exercê-lo e sobre os interesses que devam por meio dele defender;

XXVIII – definição legal sobre os serviços ou atividades essenciais e disposições legais sobre o atendimento das necessidades inadiáveis da comunidade em caso de greve;

XXIX – tributos e outros créditos de terceiros;

XXX – as disposições previstas nos arts. 373-A, 390, 392, 392-A, 394, 394-A, 395, 396 e 400 desta Consolidação.

Parágrafo único. Regras sobre duração do trabalho e intervalos não são consideradas como normas de saúde, higiene e segurança do trabalho para os fins do disposto neste artigo.

Esse dispositivo é *absolutamente supérfluo*, desnecessário, apenas ressalta que direitos trabalhistas de fundo constitucional não poderiam ser afastados por convenção. Confronte-se o elenco desse dispositivo com o constante do art. 7º da CF[20] e ver-se-á a superfluidade desse texto.

---

[20] "Art. 7º São direitos dos trabalhadores urbanos e rurais, além de outros que visem à melhoria de sua condição social:
I – relação de emprego protegida contra despedida arbitrária ou sem justa causa, nos termos de lei complementar, que preverá indenização compensatória, dentre outros direitos;
II – seguro-desemprego, em caso de desemprego involuntário;
III – fundo de garantia do tempo de serviço;
IV – salário mínimo, fixado em lei, nacionalmente unificado, capaz de atender a suas necessidades vitais básicas e às de sua família com moradia, alimentação, educação, saúde, lazer, vestuário, higiene, transporte e previdência social, com reajustes periódicos que lhe preservem o poder aquisitivo, sendo vedada sua vinculação para qualquer fim;

V – piso salarial proporcional à extensão e à complexidade do trabalho;
VI – irredutibilidade do salário, salvo o disposto em convenção ou acordo coletivo;
VII – garantia de salário, nunca inferior ao mínimo, para os que percebem remuneração variável;
VIII – décimo terceiro salário com base na remuneração integral ou no valor da aposentadoria;
IX – remuneração do trabalho noturno superior à do diurno;
X – proteção do salário na forma da lei, constituindo crime sua retenção dolosa;
XI – participação nos lucros, ou resultados, desvinculada da remuneração, e, excepcionalmente, participação na gestão da empresa, conforme definido em lei;
XII – salário-família pago em razão do dependente do trabalhador de baixa renda nos termos da lei; (Redação dada pela Emenda Constitucional nº 20, de 1998)
XIII – duração do trabalho normal não superior a oito horas diárias e quarenta e quatro semanais, facultada a compensação de horários e a redução da jornada, mediante acordo ou convenção coletiva de trabalho; (vide Decreto-Lei nº 5.452, de 1943)
XIV – jornada de seis horas para o trabalho realizado em turnos ininterruptos de revezamento, salvo negociação coletiva;
XV – repouso semanal remunerado, preferencialmente aos domingos;
XVI – remuneração do serviço extraordinário superior, no mínimo, em cinqüenta por cento à do normal; (Vide Del 5.452, art. 59 §1º)
XVII – gozo de férias anuais remuneradas com, pelo menos, um terço a mais do que o salário normal;
XVIII – licença à gestante, sem prejuízo do emprego e do salário, com a duração de cento e vinte dias;
XIX – licença-paternidade, nos termos fixados em lei;
XX – proteção do mercado de trabalho da mulher, mediante incentivos específicos, nos termos da lei;
XXI – aviso prévio proporcional ao tempo de serviço, sendo no mínimo de trinta dias, nos termos da lei;
XXII – redução dos riscos inerentes ao trabalho, por meio de normas de saúde, higiene e segurança;
XXIII – adicional de remuneração para as atividades penosas, insalubres ou perigosas, na forma da lei;
XXIV – aposentadoria;
XXV – assistência gratuita aos filhos e dependentes desde o nascimento até 5 (cinco) anos de idade em creches e pré-escolas; (Redação dada pela Emenda Constitucional nº 53, de 2006)
XXVI – reconhecimento das convenções e acordos coletivos de trabalho;
XXVII – proteção em face da automação, na forma da lei;
XXVIII – seguro contra acidentes de trabalho, a cargo do empregador, sem excluir a indenização a que este está obrigado, quando incorrer em dolo ou culpa);
XXIX – ação, quanto aos créditos resultantes das relações de trabalho, com prazo prescricional de cinco anos para os trabalhadores urbanos e rurais, até o limite de dois anos após a extinção do contrato de trabalho; (Redação dada pela Emenda Constitucional nº 28, de 25/05/2000)
a) (Revogada). (Redação dada pela Emenda Constitucional nº 28, de 25/05/2000)
b) (Revogada). (Redação dada pela Emenda Constitucional nº 28, de 25/05/2000)
XXX – proibição de diferença de salários, de exercício de funções e de critério de admissão por motivo de sexo, idade, cor ou estado civil;
XXXI – proibição de qualquer discriminação no tocante a salário e critérios de admissão do trabalhador portador de deficiência;
XXXII – proibição de distinção entre trabalho manual, técnico e intelectual ou entre os profissionais respectivos;

Apenas elencou-se o que consta da Constituição e afirmou-se não poder ser derrogado por norma convencional.

> Art. 614 (...)
> §3º Não será permitido estipular duração de convenção coletiva ou acordo de trabalho superior a dois anos, *sendo vedada a ultratividade*. (NR)

O acréscimo no dispositivo veio a vedar o reconhecimento de direito em caráter superior a dois anos, o que leva a insegurança em relação a inúmeras situações, sobretudo, partindo-se da visão do legislador de fazer prevalecer as regras convencionais sobre as legais, mas sempre temporárias, o que, sem dúvida, instabiliza a relação.

> Art. 620. As condições estabelecidas em acordo coletivo de trabalho sempre prevalecerão sobre as estipuladas em convenção coletiva de trabalho. (NR)

Nesse texto cria-se um distintivo hierárquico nem sempre salutar entre a norma fruto da convenção e a fruto de acordo, ou ao menos, pela teoria da especialização dir-se-á que o acordo é específico e prevalece sobre a norma de caráter geral. O obreiro ficará, sem dúvida, bem mais exposto.

> Art. 634 (...)
> §1º (...)
> §2º Os valores das multas administrativas expressos em moeda corrente serão reajustados anualmente pela Taxa Referencial (TR), divulgada pelo Banco Central do Brasil, ou pelo índice que vier a substituí-lo. (NR)

Mera referência a critério de correção de multa administrativa, que não tem relevo para o trabalhador, apenas evita que se tenha que usualmente editar novos textos para atualização de multas. Trata-se de mero indexador.

---

XXXIII – proibição de trabalho noturno, perigoso ou insalubre a menores de dezoito e de qualquer trabalho a menores de dezesseis anos, salvo na condição de aprendiz, a partir de quatorze anos; (Redação dada pela Emenda Constitucional nº 20, de 1998)
XXXIV – igualdade de direitos entre o trabalhador com vínculo empregatício permanente e o trabalhador avulso."

# CAPÍTULO 16

# INOVAÇÕES NO DIREITO PROCESSUAL DO TRABALHO

Embora a matéria processual trabalhista não diga respeito propriamente à reforma trabalhista, sentiu-se a necessidade de atualização das normas processuais para fins de serem alcançadas situações contempladas no novo texto. Aqui se apresentam apenas brevíssimas e parciais observações sobre essas modificações

Vários dispositivos de cunho processual foram introduzidos e outros alterados.

Observe-se:

Art. 652. Compete às Varas do Trabalho:
(...)
f) decidir quanto à homologação de acordo extrajudicial em matéria de competência da Justiça do Trabalho.
(...) (NR)

Consagrou-se competência homologatória de acordos extrajudiciais, com o claro intuito de inibir a propositura de novas demandas acerca das relações de emprego em relações às quais os acordos foram firmados. Evidentemente que o papel do Judiciário não deverá ser de verificador apenas de aspectos formais dos ajustes pactuados.

Art. 702 (...)
I – (...)
f) estabelecer ou alterar súmulas e outros enunciados de jurisprudência uniforme, pelo voto de pelo menos dois terços de seus membros, caso a mesma matéria já tenha sido decidida de forma idêntica por unanimidade em, no mínimo, dois terços das turmas em pelo menos dez sessões

diferentes em cada uma delas, podendo, ainda, por maioria de dois terços de seus membros, restringir os efeitos daquela declaração ou decidir que ela só tenha eficácia a partir de sua publicação no Diário Oficial;

O dispositivo disciplina forma, ou fórmula para alteração de súmula ou enunciado de jurisprudência uniforme. É complexo e burocratizante. Mister seria apenas que diante de relevantes pronunciamentos dos órgãos fracionários se resolvesse submeter a matéria ao plenário.

§3º As sessões de julgamento sobre estabelecimento ou alteração de súmulas e outros enunciados de jurisprudência deverão ser públicas, divulgadas com, no mínimo, trinta dias de antecedência, e deverão possibilitar a sustentação oral pelo Procurador-Geral do Trabalho, pelo Conselho Federal da Ordem dos Advogados do Brasil, pelo Advogado-Geral da União e por confederações sindicais ou entidades de classe de âmbito nacional.

§4º O estabelecimento ou a alteração de súmulas e outros enunciados de jurisprudência pelos Tribunais Regionais do Trabalho deverão observar o disposto na alínea *f* do inciso I e no §3º deste artigo, com rol equivalente de legitimados para sustentação oral, observada a abrangência de sua circunscrição judiciária. (NR)

Questão referente a procedimento para alteração de súmulas e outros enunciados de jurisprudência que também não tem maior relevo em relação à matéria de fundo deste trabalho.

Art. 775. Os prazos estabelecidos neste Título serão contados em dias úteis, com exclusão do dia do começo e inclusão do dia do vencimento.

O *caput* desse artigo nada mais é que uma adaptação à regra do Novo CPC com a contagem de prazos em "dias úteis", posição essa já adotada majoritariamente pelos órgãos da Justiça do Trabalho.

§1º Os prazos podem ser prorrogados, pelo tempo estritamente necessário, nas seguintes hipóteses:
I – quando o juízo entender necessário;
II – em virtude de força maior, devidamente comprovada.
§2º Ao juízo incumbe dilatar os prazos processuais e alterar a ordem de produção dos meios de prova, adequando-os às necessidades do conflito de modo a conferir maior efetividade à tutela do direito. (NR)
Art. 789. Nos dissídios individuais e nos dissídios coletivos do trabalho, nas ações e procedimentos de competência da Justiça do Trabalho, bem como nas demandas propostas perante a Justiça Estadual, no exercício da jurisdição trabalhista, as custas relativas ao processo de conhecimento incidirão à base de 2% (dois por cento), observado o mínimo de R$ 10,64

(dez reais e sessenta e quatro centavos) e o máximo de quatro vezes o limite máximo dos benefícios do Regime Geral de Previdência Social, e serão calculadas:

Essa tabela de custas processuais é mais elevada que a correspondente da Justiça Federal, na qual o percentual é de 1% (um por cento), de qualquer sorte, deve-se ressaltar ser ela inferior à existente na maioria dos Estados.

(...) (NR)
Art. 790 (...)
§3º É facultado aos juízes, órgãos julgadores e presidentes dos tribunais do trabalho de qualquer instância conceder, a requerimento ou de ofício, o benefício da justiça gratuita, inclusive quanto a traslados e instrumentos, àqueles que perceberem salário igual ou inferior a 40% (quarenta por cento) do limite máximo dos benefícios do Regime Geral de Previdência Social.

Outra observação crítica é no tocante a esse limite de 40% do teto do RGPS para fins de concessão de assistência judiciária, afinal, esse teto é bastante baixo.[21] Nos órgãos judiciais não trabalhistas, os Juízes, regra geral, adotam critérios de condições para defender interesses em Juízo sem sacrifícios.

§4º O benefício da justiça gratuita será concedido à parte que comprovar insuficiência de recursos para o pagamento das custas do processo. (NR)
Art. 790-B. A responsabilidade pelo pagamento dos honorários periciais é da parte sucumbente na pretensão objeto da perícia, ainda que beneficiária da justiça gratuita.
§1º Ao fixar o valor dos honorários periciais, o juízo deverá respeitar o limite máximo estabelecido pelo Conselho Superior da Justiça do Trabalho.
§2º O juízo poderá deferir parcelamento dos honorários periciais.
§3º O juízo não poderá exigir adiantamento de valores para realização de perícias.

Esse parágrafo leva muitas vezes a situações nas quais, sem garantia, ao final, o perito nada recebe.

§4º Somente no caso em que o beneficiário da justiça gratuita não tenha obtido em juízo créditos capazes de suportar a despesa referida no caput, ainda que em outro processo, a União responderá pelo encargo. (NR)

---

[21] Atualmente o teto referido é desde 1º de janeiro de 2017 de R$5.531,31. (Portaria nº 8, de 13 de janeiro de 2017, do Ministro da Fazenda)

Art. 791-A. Ao advogado, ainda que atue em causa própria, serão devidos honorários de sucumbência, fixados entre o mínimo de 5% (cinco por cento) e o máximo de 15% (quinze por cento) sobre o valor que resultar da liquidação da sentença, do proveito econômico obtido ou, não sendo possível mensurá-lo, sobre o valor atualizado da causa.

Inovou o texto com a introdução da sucumbência nos processos trabalhistas, o que antes era excepcional, em relação à assistência sindical.

sucumbência na reconvenção (...) §1º Os honorários são devidos também nas ações contra a Fazenda Pública e nas ações em que a parte estiver assistida ou substituída pelo sindicato de sua categoria.

§2º Ao fixar os honorários, o juízo observará:

I – o grau de zelo do profissional;

II – o lugar de prestação do serviço;

III – a natureza e a importância da causa;

IV – o trabalho realizado pelo advogado e o tempo exigido para o seu serviço.

§3º Na hipótese de procedência parcial, o juízo arbitrará honorários de sucumbência recíproca, vedada a compensação entre os honorários.

§4º Vencido o beneficiário da justiça gratuita, desde que não tenha obtido em juízo, ainda que em outro processo, créditos capazes de suportar a despesa, as obrigações decorrentes de sua sucumbência ficarão sob condição suspensiva de exigibilidade e somente poderão ser executadas se, nos dois anos subsequentes ao trânsito em julgado da decisão que as certificou, o credor demonstrar que deixou de existir a situação de insuficiência de recursos que justificou a concessão de gratuidade, extinguindo-se, passado esse prazo, tais obrigações do beneficiário.

As regras processuais sobre sucumbência, cálculo de honorários, consequências da assistência judiciária sobre sucumbência reproduzem os mesmos princípios do processo civil.

O novo texto também disciplinou a questão referente à responsabilidade por dano processual, fixando:

Art. 793-A. Responde por perdas e danos aquele que litigar de má-fé como reclamante, reclamado ou interveniente.

Art. 793-B. Considera-se litigante de má-fé aquele que:

I – deduzir pretensão ou defesa contra texto expresso de lei ou fato incontroverso;

II – alterar a verdade dos fatos;

III – usar do processo para conseguir objetivo ilegal;

IV – opuser resistência injustificada ao andamento do processo;

V – proceder de modo temerário em qualquer incidente ou ato do processo;
VI – provocar incidente manifestamente infundado;
VII – interpuser recurso com intuito manifestamente protelatório.

Art. 793-C. De ofício ou a requerimento, o juízo condenará o litigante de má-fé a pagar multa, que deverá ser superior a 1% (um por cento) e inferior a 10% (dez por cento) do valor corrigido da causa, a indenizar a parte contrária pelos prejuízos que esta sofreu e a arcar com os honorários advocatícios e com todas as despesas que efetuou.

§1º Quando forem dois ou mais os litigantes de má-fé, o juízo condenará cada um na proporção de seu respectivo interesse na causa ou solidariamente aqueles que se coligaram para lesar a parte contrária.

§2º Quando o valor da causa for irrisório ou inestimável, a multa poderá ser fixada em até duas vezes o limite máximo dos benefícios do Regime Geral de Previdência Social.

§3º O valor da indenização será fixado pelo juízo ou, caso não seja possível mensurá-lo, liquidado por arbitramento ou pelo procedimento comum, nos próprios autos.

Também no tocante à figura do litigante de má-fé, houve adequação aos princípios insculpidos no CPC vigente, que deve ser utilizado como norma subsidiária, considerando que sob a matéria não dispõe a Lei nº 6.830 de 1980 (lei de execuções fiscais).

Art. 793-D. Aplica-se a multa prevista no art. 793-C desta Consolidação à testemunha que intencionalmente alterar a verdade dos fatos ou omitir fatos essenciais ao julgamento da causa.

Parágrafo único. A execução da multa prevista neste artigo dar-se-á nos mesmos autos.

Em verdade, nesse tópico não se inovou, apenas "legalizou-se" o que já era assente na jurisprudência:

*RT-3 – RECURSO ORDINARIO TRABALHISTA RO 01450200906903000 0145000-97.2009.5.03.0069 (TRT-3)*
*Data de publicação: 31/08/2010*
*Ementa: MULTA APLICADA À TESTEMUNHA. RECURSO DO AUTOR. AUSÊNCIA DE INTERESSE E LEGITIMIDADE RECURSAL.* O autor não possui legitimidade processual para atuar na defesa dos interesses de *testemunha* apenada com *multa* de litigância de má-fé, notadamente, pela via recursal, conforme preceituam os arts. 6º e 499 do CPC. Ademais, o recorrente não possui interesse recursal, haja vista que não pode ser considerado sucumbente em relação a esse objeto. Recurso que não se conhece nesse particular.

*A experiência de alguns anos como Juiz do Trabalho me faz reconhecer como é daninha a prova testemunhal falsa na Justiça do Trabalho.* Infelizmente, em algumas circunstâncias, é a única espécie de prova de que se dispõe.

No tocante à exceção de competência territorial, houve sensível modificação, com atenuação dos princípios de oralidade e concentração de atos. Outrora se estabelecia:

> Art. 800 – Apresentada a exceção de incompetência, abrir-se-á vista dos autos ao exceto, por 24 (vinte e quatro) horas improrrogáveis, devendo a decisão ser proferida na primeira audiência ou sessão que se seguir.

O novo texto é mais complexo e aumenta as etapas da formação, produção probatória da exceção:

> Art. 800. Apresentada exceção de incompetência territorial no prazo de cinco dias da notificação, antes da audiência e em peça que sinalize a existência desta exceção, seguir-se-á o procedimento estabelecido neste artigo.
> §1º Protocolada a petição, será suspenso o processo e não se realizará a audiência a que se refere o art. 843 desta Consolidação até que se decida a exceção.
> §2º Os autos serão imediatamente conclusos ao juiz, que intimará o reclamante e, se existentes, os litisconsortes, para manifestação no prazo comum de cinco dias.
> §3º Se entender necessária a produção de prova oral, o juízo designará audiência, garantindo o direito de o excipiente e de suas testemunhas serem ouvidos, por carta precatória, no juízo que este houver indicado como competente.
> §4º Decidida a exceção de incompetência territorial, o processo retomará seu curso, com a designação de audiência, a apresentação de defesa e a instrução processual perante o juízo competente. (NR)

Merece breve referência a disciplina acerca do ÔNUS DA PROVA

O texto original da CLT simplesmente atribuía o ônus de provar àquele que apresentava a alegação. Nesse sentido:

> Art. 818 – A prova das alegações incumbe à parte que as fizer.

É o tradicional princípio destacado por Candido Dinamarco:

ônus da prova é o encargo, atribuído pela lei a cada uma das partes, de demonstrar a ocorrência dos fatos de seu próprio interesse para as decisões a serem proferidas no processo.[22]

Alterou-se o regramento:

Art. 818. O ônus da prova incumbe:
I – ao reclamante, quanto ao fato constitutivo de seu direito;
II – ao reclamado, quanto à existência de fato impeditivo, modificativo ou extintivo do direito do reclamante.

§1º Nos casos previstos em lei ou diante de peculiaridades da causa relacionadas à impossibilidade ou à excessiva dificuldade de cumprir o encargo nos termos deste artigo ou à maior facilidade de obtenção da prova do fato contrário, poderá o juízo atribuir o ônus da prova de modo diverso, desde que o faça por decisão fundamentada, caso em que deverá dar à parte a oportunidade de se desincumbir do ônus que lhe foi atribuído.

§2º A decisão referida no §1º deste artigo deverá ser proferida antes da abertura da instrução e, a requerimento da parte, implicará o adiamento da audiência e possibilitará provar os fatos por qualquer meio em direito admitido.

§3º A decisão referida no §1º deste artigo não pode gerar situação em que a desincumbência do encargo pela parte seja impossível ou excessivamente difícil. (NR)

O que se tem aqui é a aplicação da mesma principiologia, que norteia o novo CPC. Merece referência, pela pertinência, a lição:

Assim o novo CPC se diferencia do CPC/1973, no que se refere ao ônus da prova, pelas seguintes situações: a) a regra permanece sendo a distribuição estática; b) caso haja excessiva dificuldade para cumprir o encargo, somada com maior facilidade da parte adversa, deve o juiz dinamizar o ônus da prova; c) essa distribuição não pode gerar prova diabólica para a outra parte; d) a decisão de dinamização deve ser fundamentada, indicando que fatos terão os encargos probatórios alterados e permitirá à parte a desincumbência desse ônus, segundo ensina Ravi Peixoto (2015). Em final análise do estudado, conclui-se que ao adotar a Teoria dinâmica de distribuição do ônus da prova no novo CPC o legislador busca atender a tendência da ritualística processual brasileira em aproximar da verdade real sem se distanciar dos pressupostos legais da teoria geral do processo. Busca instrumento hábil para consecução

---

[22] DINAMARCO, Cândido Rangel. *Instituições de direito processual civil*. 5. ed. São Paulo: Malheiros, 2005. v. 3.

de ideias de um processo mais justo e efetivo, baseado nos princípios legais e constitucionais.[23]

Art. 840 (...)

§1º Sendo escrita, a reclamação deverá conter a designação do juízo, a qualificação das partes, a breve exposição dos fatos de que resulte o dissídio, o pedido, que deverá ser certo, determinado e com indicação de seu valor, a data e a assinatura do reclamante ou de seu representante.

§2º Se verbal, a reclamação será reduzida a termo, em duas vias datadas e assinadas pelo escrivão ou secretário, observado, no que couber, o disposto no §1º deste artigo.

§3º Os pedidos que não atendam ao disposto no §1º deste artigo serão julgados extintos sem resolução do mérito. (NR)

Art. 841 (...)

§3º Oferecida a contestação, ainda que eletronicamente, o reclamante não poderá, sem o consentimento do reclamado, desistir da ação." (NR)

Art. 843 (...)

§3º O preposto a que se refere o §1º deste artigo não precisa ser empregado da parte reclamada. (NR)

O novo parágrafo veio evitar o entendimento restritivo no sentido de ser o preposto empregado da reclamada. Persiste a previsão de conhecimento dos fatos, o que, naturalmente, poderá ser pela via direta ou indireta.

Art. 844 (...)

§1º Ocorrendo motivo relevante, poderá o juiz suspender o julgamento, designando nova audiência.

§2º Na hipótese de ausência do reclamante, este será condenado ao pagamento das custas calculadas na forma do art. 789 desta Consolidação, ainda que beneficiário da justiça gratuita, salvo se comprovar, no prazo de quinze dias, que a ausência ocorreu por motivo legalmente justificável.

§3º O pagamento das custas a que se refere o §2º é condição para a propositura de nova demanda.

§4º A revelia não produz o efeito mencionado no caput deste artigo se:

I – havendo pluralidade de reclamados, algum deles contestar a ação;

II – o litígio versar sobre direitos indisponíveis;

III – a petição inicial não estiver acompanhada de instrumento que a lei considere indispensável à prova do ato;

---

[23] VILELA, Alessandra Ribeiro Rezende et al. O ônus da prova no novo CPC. Disponível em: <http://unifia.edu.br/revista_eletronica/revistas/direito_foco/artigos/ano2016/003>.

IV – as alegações de fato formuladas pelo reclamante forem inverossímeis ou estiverem em contradição com prova constante dos autos.
§5º Ainda que ausente o reclamado, presente o advogado na audiência, serão aceitos a contestação e os documentos eventualmente apresentados. (NR)
Art. 847 (...)
Parágrafo único. A parte poderá apresentar defesa escrita pelo sistema de processo judicial eletrônico até a audiência. (NR)

O novo texto introduzido traz um sopro de modernidade ao processo, ao possibilitar a apresentação de defesa escrita antes da audiência, pelo sistema judicial eletrônico, ganha-se dinamicidade e a audiência fica mais destinada, especificamente para a prática dos atos de instrução, e não para *a formação da relação processual*.

Outro aspecto que não pode ser olvidado é o tratamento "Incidente de Desconsideração da Personalidade Jurídica".

Art. 855-A. Aplica-se ao processo do trabalho o incidente de desconsideração da personalidade jurídica previsto nos *arts. 133 a 137 da Lei nº 13.105, de 16 de março de 2015 – Código de Processo Civil.*[24]

Merece transcrição, pelos seus próprios fundamentos, lição de José Rogério Cruz e Tucci sobre a matéria:

---

[24] "CÓDIGO DE PROCESSO CIVIL:
DO INCIDENTE DE DESCONSIDERAÇÃO DA PERSONALIDADE JURÍDICA
Art. 133. O incidente de desconsideração da personalidade jurídica será instaurado a pedido da parte ou do Ministério Público, quando lhe couber intervir no processo.
§1º O pedido de desconsideração da personalidade jurídica observará os pressupostos previstos em lei.
§2º Aplica-se o disposto neste Capítulo à hipótese de desconsideração inversa da personalidade jurídica.
Art. 134. O incidente de desconsideração é cabível em todas as fases do processo de conhecimento, no cumprimento de sentença e na execução fundada em título executivo extrajudicial.
§1º A instauração do incidente será imediatamente comunicada ao distribuidor para as anotações devidas.
§2º Dispensa-se a instauração do incidente se a desconsideração da personalidade jurídica for requerida na petição inicial, hipótese em que será citado o sócio ou a pessoa jurídica.
§3º A instauração do incidente suspenderá o processo, salvo na hipótese do §2º.
§4º O requerimento deve demonstrar o preenchimento dos pressupostos legais específicos para desconsideração da personalidade jurídica.
Art. 135. Instaurado o incidente, o sócio ou a pessoa jurídica será citado para manifestar-se e requerer as provas cabíveis no prazo de 15 (quinze) dias.
Art. 136. Concluída a instrução, se necessária, o incidente será resolvido por decisão interlocutória.
Parágrafo único. Se a decisão for proferida pelo relator, cabe agravo interno.
Art. 137. Acolhido o pedido de desconsideração, a alienação ou a oneração de bens, havida em fraude de execução, será ineficaz em relação ao requerente."

O novo estatuto, a evitar esta manifesta injustiça, em boa hora, instituiu com todas as letras, nos artigos 133 a 137, o denominado incidente de desconsideração da personalidade jurídica, inclusive para a chamada "desconsideração inversa", possibilitando que a pessoa física ou jurídica indicada pelo autor da demanda ou pelo exequente se manifeste, em pleno contraditório, podendo inclusive produzir prova, antes de ser exarada qualquer ordem judicial que comprometa o seu patrimônio. Com efeito, dispõe o artigo 135 que: "Instaurado o incidente, o sócio ou a pessoa jurídica será citado para manifestar-se e requerer as provas cabíveis no prazo de 15 (quinze) dias". Não é preciso salientar que, no âmbito de um modelo de processo democrático, marcado pela existência de garantias constitucionais que asseguram o *due process of law*, o mínimo que se deve esperar é a previsão do direito de ser ouvido. Este, como é notório, o princípio consagrado no artigo 5º, inciso LIV, da nossa Constituição Federal, textual: "Ninguém será privado da liberdade ou de seus bens sem o devido processo legal". Cabe no entanto a ressalva de que nem sempre será necessária a instauração do referido incidente de desconsideração da personalidade jurídica, para os fins pretendidos pelo credor, autor ou exequente. Realmente, se o juiz *prima facie* inferir que o pleito de desconsideração não reúne condições plausíveis de êxito, deverá indeferi-lo, por meio de decisão devidamente fundamentada, sobretudo para afastar inoportuna suspensão do processo. Seguindo essa correta linha de raciocínio, merece os maiores encômios importante e recente acórdão da 19ª Câmara Cível do Tribunal de Justiça do Rio Grande do Sul, proferido na Apelação 70067753665, que manteve o indeferimento da pretensão de desconsideração da personalidade jurídica, lastreando-se na seguinte fundamentação: "Ocorre que, como destacado na sentença e também pelo douto Procurador de Justiça, a mencionada S.K.P deixou a sociedade da requerida em maio de 1997, praticamente sete anos antes do aforamento da monitória... Não bastasse a cronologia dos acontecimentos, com grande hiato entre a sua retirada do quadro social da empresa ré e a constituição do restaurante, inegável que os empreendimentos possuem distintos objetos sociais... Como visto, há pouca ou nenhuma identidade entre o objeto social de uma e de outra empresa. Nesse contexto, embora se reconheça que o instituto da personalidade jurídica não é absoluto, somente a prova escorreita de seu uso abusivo, mediante desvio de finalidade ou confusão patrimonial com o escopo de prejudicar terceiros, é que autorizaria a despersonalização pretendida, alcançando a sócia da empresa que nem sequer participou do processo em sua fase conhecimento..." (publicado no Boletim da AASP, 3.005, 22 a 28 de agosto de 2016).[25]

Segue o novo texto legal:

---

[25] CRUZ E TUCCI, José Rogério. Desconsideração da personalidade jurídica no novo Código de Processo Civil. Disponível em: <http://www.conjur.com.br/2016-ago-23/paradoxo-corte-desconsideracao-personalidade-juridica-cpc>.

§1º Da decisão interlocutória que acolher ou rejeitar o incidente:
I – na fase de cognição, não cabe recurso de imediato, na forma do §1º do art. 893 desta Consolidação;
II – na fase de execução, cabe agravo de petição, independentemente de garantia do juízo;
III – cabe agravo interno se proferida pelo relator em incidente instaurado originariamente no tribunal.
§2º A instauração do incidente suspenderá o processo, sem prejuízo de concessão da tutela de urgência de natureza cautelar de que trata o *art. 301 da Lei nº 13.105, de 16 de março de 2015 (Código de Processo Civil).*

A adoção do incidente pode ter como contraponto uma maior sobrevida do processo, talvez com a vantagem de maior justiça' mas, por certo, com maior longevidade.

## 16.1 Do processo de jurisdição voluntária

A nova lei, em função da ampliação de competência da Justiça do trabalho, passou a disciplinar homologações de acordos extrajudiciais, questão essa que gerava muita celeuma, considerando que, muitas vezes, os "acordos" nada mais seriam que imposições do empregador para evitar futuras reclamações.

O novo texto facilita bastante esse tipo de "expediente", normalmente limitador de direitos do ex-empregado. A necessidade premente o faz abrir mão de parcela de seus direitos em troca de recebimentos mais céleres.

Observe-se o regramento desses procedimentos:
Para homologação de acordo extrajudicial

Art. 855-B. O processo de homologação de acordo extrajudicial terá início por petição conjunta, sendo obrigatória a representação das partes por advogado.
§1º As partes não poderão ser representadas por advogado comum.
§2º Faculta-se ao trabalhador ser assistido pelo advogado do sindicato de sua categoria.
Art. 855-C. O disposto neste Capítulo não prejudica o prazo estabelecido no §6º do art. 477 desta Consolidação e não afasta a aplicação da multa prevista no §8º art. 477 desta Consolidação.
Art. 855-D. No prazo de quinze dias a contar da distribuição da petição, o juiz analisará o acordo, designará audiência se entender necessário e proferirá sentença.
Art. 855-E. A petição de homologação de acordo extrajudicial suspende o prazo prescricional da ação quanto aos direitos nela especificados.

Parágrafo único. O prazo prescricional voltará a fluir no dia útil seguinte ao do trânsito em julgado da decisão que negar a homologação do acordo.

Art. 876 (...)

Parágrafo único. A Justiça do Trabalho executará, de ofício, as contribuições sociais previstas na alínea *a* do *inciso I e no inciso II do caput do art. 195 da Constituição Federal*, e seus acréscimos legais, relativas ao objeto da condenação constante das sentenças que proferir e dos acordos que homologar. (NR)

Art. 878. A execução será promovida pelas partes, permitida a execução de ofício pelo juiz ou pelo Presidente do Tribunal apenas nos casos em que as partes não estiverem representadas por advogado.

Parágrafo único. (Revogado). (NR)

Art. 879 (...)

§2º Elaborada a conta e tornada líquida, o juízo deverá abrir às partes prazo comum de oito dias para impugnação fundamentada com a indicação dos itens e valores objeto da discordância, sob pena de preclusão.

(...)

§7º A atualização dos créditos decorrentes de condenação judicial será feita pela Taxa Referencial (TR), divulgada pelo Banco Central do Brasil, conforme a *Lei nº 8.177, de 1º de março de 1991*. (NR)

Art. 882. O executado que não pagar a importância reclamada poderá garantir a execução mediante depósito da quantia correspondente, atualizada e acrescida das despesas processuais, apresentação de seguro-garantia judicial ou nomeação de bens à penhora, observada a ordem preferencial estabelecida no *art. 835 da Lei nº 13.105, de 16 de março de 2015 – Código de Processo Civil*. (NR)

Art. 883-A. A decisão judicial transitada em julgado somente poderá ser levada a protesto, gerar inscrição do nome do executado em órgãos de proteção ao crédito ou no Banco Nacional de Devedores Trabalhistas (BNDT), nos termos da lei, depois de transcorrido o prazo de quarenta e cinco dias a contar da citação do executado, *se não houver garantia do juízo*.

Deve-se ressaltar que aqui se tem um tratamento bem diverso daquele que ocorre, por exemplo, em relação a títulos de crédito que têm como credores instituições financeiras. Nessas hipóteses, não são excludentes a execução e o protesto. A restrição, entretanto, impôs-se em relação a créditos trabalhistas.

Art. 884 (...)

§6º A exigência da garantia ou penhora não se aplica às entidades filantrópicas e/ou àqueles que compõem ou compuseram a diretoria dessas instituições. (NR)

Art. 896 (...)

§1º-A. (...)

IV – transcrever na peça recursal, no caso de suscitar preliminar de nulidade de julgado por negativa de prestação jurisdicional, o trecho dos embargos declaratórios em que foi pedido o pronunciamento do tribunal sobre questão veiculada no recurso ordinário e o trecho da decisão regional que rejeitou os embargos quanto ao pedido, para cotejo e verificação, de plano, da ocorrência da omissão.

(...)

§3º (Revogado).
§4º (Revogado).
§5º (Revogado).
§6º (Revogado).

(...)

§14. O relator do recurso de revista poderá denegar-lhe seguimento, em decisão monocrática, nas hipóteses de intempestividade, deserção, irregularidade de representação ou de ausência de qualquer outro pressuposto extrínseco ou intrínseco de admissibilidade. (NR)

Houve, também, aprimoramento da disciplina do recurso de revista, mormente no tocante à transcendência.

Os dispositivos acerca do cabimento processamento e julgamento do Recurso de Revista foram objeto de atualização. O que se observa, em verdade, é, cada vez mais, a necessidade de edição de um Código de Processo do Trabalho, que poderia e deveria substituir um texto tão antigo e objeto de tantas remessas a outros textos processuais, subsidiariamente, como a lei de execução fiscal e o CPC.

Art. 896-A (...)

§1º São indicadores de transcendência, entre outros:

I – econômica, o elevado valor da causa;

II – política, o desrespeito da instância recorrida à jurisprudência sumulada do Tribunal Superior do Trabalho ou do Supremo Tribunal Federal;

III – social, a postulação, por reclamante-recorrente, de direito social constitucionalmente assegurado;

IV – jurídica, a existência de questão nova em torno da interpretação da legislação trabalhista.

§2º Poderá o relator, monocraticamente, denegar seguimento ao recurso de revista que não demonstrar transcendência, cabendo agravo desta decisão para o colegiado.

§3º Em relação ao recurso que o relator considerou não ter transcendência, o recorrente poderá realizar sustentação oral sobre a questão da transcendência, durante cinco minutos em sessão.

§4º Mantido o voto do relator quanto à não transcendência do recurso, será lavrado acórdão com fundamentação sucinta, que constituirá decisão irrecorrível no âmbito do tribunal.

§5º É irrecorrível a decisão monocrática do relator que, em agravo de instrumento em recurso de revista, considerar ausente a transcendência.

§6º O juízo de admissibilidade do recurso de revista exercido pela Presidência dos Tribunais Regionais do Trabalho *limita-se à análise dos pressupostos intrínsecos e extrínsecos do apelo, não abrangendo o critério da transcendência das questões nele veiculadas*. (NR)

Essa limitação do exame de admissibilidade, embora represente uma concentração do exame de transcendência no TST, por outro lado, facilita a uniformização do entendimento sobre a matéria, evitando a multiplicação de recursos quando da não admissibilidade.

Art. 899 (...)

§4º O depósito recursal será feito em conta vinculada ao juízo e corrigido com os mesmos índices da poupança.

§5º (Revogado).

(...)

§9º O valor do depósito recursal será reduzido pela metade para entidades sem fins lucrativos, empregadores domésticos, microempreendedores individuais, microempresas e empresas de pequeno porte.

§10. São isentos do depósito recursal os beneficiários da justiça gratuita, as entidades filantrópicas e as empresas em recuperação judicial.

§11. O depósito recursal poderá ser substituído por fiança bancária ou seguro garantia judicial. (NR)

CAPÍTULO 17

# DAS ALTERAÇÕES EM RELAÇÃO AOS SERVIÇOS TEMPORÁRIOS[26]

Matéria também considerada relevante foi a pertinente à disciplina dos serviços temporários.
Observe-se o texto reformador:

Art. 2º A *Lei nº 6.019, de 3 de janeiro de 1974*, passou, com a "reforma trabalhista" a vigorar com as seguintes alterações:
Art. 4º-A. Considera-se prestação de serviços a terceiros a transferência feita pela contratante da execução de quaisquer de suas atividades, inclusive sua Haverá fragilização do vínculo entre a Empresa (tomadora) e aquele que lhe presta serviços no momento em que passar a sê-lo através de interposta pessoa que será seu empregador.

Essa desvinculação só não ocorrerá em relação ao que representa o "núcleo duro do empreendimento", pois, evidentemente, em relação a este, necessário se faz a preservação do vínculo mais estreito, inclusive para preservação de elementos em relação aos quais a confiança é imprescindível. No mais, a terceirização poderá ocorrer, inclusive para redução de custos.

---

[26] "Lei nº 6.019/74:
 Art. 1º...
 Art. 2º Trabalho temporário é aquele prestado por pessoa física contratada por uma empresa de trabalho temporário que a coloca à disposição de uma empresa tomadora de serviços, para atender à necessidade de substituição transitória de pessoal permanente ou à demanda complementar de serviços. (Redação dada pela Lei nº 13.429, de 2017)"

Essa possibilidade de utilização de mão de obra terceirizada, inclusive para a atividade principal da tomadora de serviços, foi uma grande inovação prevista no novo texto legal.

Em relação a esse ponto, não há como deixar de lado análise jurídico-política.

> Art. 4º-C. São asseguradas aos empregados da empresa prestadora de serviços a que se refere o art. 4º-A desta Lei, quando e enquanto os serviços, que podem ser de qualquer uma das atividades da contratante, forem executados nas dependências da tomadora, as mesmas condições:
>
> I – relativas a:
>
> a) alimentação garantida aos empregados da contratante, quando oferecida em refeitórios;
>
> b) direito de utilizar os serviços de transporte;
>
> c) atendimento médico ou ambulatorial existente nas dependências da contratante ou local por ela designado;
>
> d) treinamento adequado, fornecido pela contratada, quando a atividade o exigir.
>
> II – sanitárias, de medidas de proteção à saúde e de segurança no trabalho e de instalações adequadas à prestação do serviço.

Necessário não olvidar a ressalva legal, não supérflua, "quando e enquanto"... "forem executados nas dependências da tomadora". Atualmente, com os sistemas de informatização bastante avançados, essas atividades terceirizadas podem ser executadas em locais muito distantes.

Observe-se que quase todo o contato, por via telefônica ou por e-mails de grandes empresas nas relações com clientes, pode ser executado a distância.

> §1º Contratante e contratada *poderão estabelecer, se assim entenderem, que os empregados da contratada farão jus a salário equivalente* ao pago aos empregados da contratante, além de outros direitos não previstos neste artigo. Esse é um dos pontos cruciais da reforma. Não há equiparação salarial entre os empregados da prestadora e da tomadora de serviços, mesmo com identidade de local de trabalho e de atribuições. Essa equivalência *poderá ser pactuada*. Como regra, evidentemente, não o será, pois um dos grandes objetivos da reforma é a redução de custos. Com a terceirização, paga-se à tomadora, além do valor dos serviços + encargos, o correspondente a "taxas de administração", que corresponde ao valor recebido pela prestadora de serviços *per capita*. Em havendo equivalência com a remuneração paga aos empregados da tomadora de serviços, o custo seria maior que na forma tradicional.

Segue o texto:

§2º Nos contratos que impliquem mobilização de empregados da contratada em número *igual ou superior a 20% (vinte por cento) dos empregados da contratante*, esta poderá disponibilizar aos empregados da contratada os serviços de alimentação e atendimento ambulatorial em outros locais apropriados e com igual padrão de atendimento, com vistas a manter o pleno funcionamento dos serviços existentes.

Esse dispositivo demonstra que o percentual de empregados da prestadora poderá ir além dos 20% do número de empregados da tomadora de serviços, hipótese em que poderá haver a disponibilização pela contratada de outros locais para alimentação e atendimento ambulatorial que não os próprios da contratante. Possivelmente, as contratadas utilizarão, se possível, ambulatórios credenciados para atender a seus empregados prestadores de serviços em vários locais, a vários tomadores de serviços. A previsão de serviços de alimentação diferenciados "embora de igual padrão de atendimento", é preocupante, *no mundo real*.

Art. 5º-A. Contratante é a pessoa física ou jurídica que celebra contrato com empresa de prestação de serviços relacionados a quaisquer de suas atividades, inclusive sua atividade principal.
(...) (NR)
Art. 5º-C. Não pode figurar como contratada, nos termos do art. 4º-A desta Lei, a pessoa jurídica cujos titulares ou sócios tenham, nos últimos dezoito meses, prestado serviços à contratante na qualidade de empregado ou trabalhador sem vínculo empregatício, exceto se os referidos titulares ou sócios forem aposentados.
Art. 5º-D. O empregado que for demitido não poderá prestar serviços para esta mesma empresa na qualidade de empregado de empresa prestadora de serviços antes do decurso de prazo de dezoito meses, contados a partir da demissão do empregado.

O texto desses dois dispositivos visa afastar duas hipóteses possibilitadoras de fraudes: 1. a transformação de empregados em "sócios" de terceirizadas, o que ocorre com frequência em atividades agrícolas; 2. a demissão de empregados a serem recontratados pela terceirizada com remuneração possivelmente inferior.

Art. 3º O art. 20 da *Lei nº 8.036, de 11 de maio de 1990*, passa a vigorar acrescido do seguinte inciso I-A:
Art. 20 (...)
I-A – extinção do contrato de trabalho prevista no *art. 484-A da Consolidação das Leis do Trabalho (CLT), aprovada pelo Decreto-Lei nº 5.452, de 1º de maio de 1943*;
(...) (NR)

Contempla-se aqui a criação de nova hipótese de saque de FGTS, em relação a essa modalidade de contrato.

> Art. 4º O art. 28 da *Lei nº 8.212, de 24 de julho de 1991,* passa a vigorar com as seguintes alterações:
> Art. 28 (...)
> §8º (Revogado).
> a) (revogada);
> (...)
> §9º (...)
> h) as diárias para viagens;
> (...)
> q) o valor relativo à assistência prestada por serviço médico ou odontológico, próprio da empresa ou por ela conveniado, inclusive o reembolso de despesas com medicamentos, óculos, aparelhos ortopédicos, próteses, órteses, despesas hospitalares e outras similares;

Nesse dispositivo, acresce-se hipótese de não incidência de contribuição previdenciária pela explícita natureza não remuneratória dessas espécies de despesas em relação a empregados, não caracterizáveis mais como salário *in natura*.

> z) os prêmios e os abonos.
> (...) (NR)

É *a mesma observação pertinente ao dispositivo anterior dispositivo*

Finalmente, o texto legal revogou vários dispositivos da CLT e de outras leis para fins de adequação à nova normatização fixada, como se observará pelas referências a seguir:

> Art. 5º Revogam-se:
> I – os seguintes dispositivos da Consolidação das Leis do Trabalho (CLT), aprovada pelo *Decreto-Lei nº 5.452, de 1º de maio de 1943*:
> a) §3º *do art. 58;*
> b) §4º *do art. 59;*

Esses dois dispositivos tratavam da questão do transporte e de seu cômputo em jornada, aspectos modificados pela nova lei.

> c) *art. 84;*
> d) *art. 86;*

Os artigos 84 e 86 disciplinavam a existência de regiões para fins de salário mínimo, matéria, inclusive, já objeto de implícita supressão, com a fixação de salário mínimo nacional, unificado.

> e) *art. 130-A;*

Esse dispositivo tratava do regime de férias para trabalhadores em tempo parcial, matéria alterada pela reforma.

*f) §2º do art. 134;*

Aqui se tem a revogação da norma que impunha a unicidade do período de férias do menor de 18 anos e maiores de 50 anos. Passou a ser o período correspondente passível de fracionamento nos mesmos moldes dos demais trabalhadores. Em parte, ao menos possibilitará que a permanência dessa classe de empregados não seja desvantajosa para o empregador, colocando-a em maior risco quanto ao emprego.

*g) §3º do art. 143;*
*h) parágrafo único do art. 372;*
*i) art. 384;*

Tem-se nesse ponto a supressão do descanso de quinze minutos entre o fim da jornada ordinária e o início da extraordinária. É uma alteração supressiva de direito, sobretudo para preservação da saúde. Implicará ganho de produtividade por não interrupção da atividade.

*j) §§1º, 3º e 7º do art. 477;*

Esse dispositivo teria de ser revogado, pois trata de assistência no momento da rescisão, o que foi suprimido pelo texto reformado.

*k) art. 601;*
*l) art. 604;*

Esses dispositivos tratavam de "quitação de imposto sindical", matéria objeto de supressão face a ter deixado tal contribuição de ser obrigatória.

Os demais dispositivos da CLT alterados tratam de questões processuais que não dizem respeito, propriamente, à reforma trabalhista.

*m) art. 792;*
*n) parágrafo único do art. 878;*
*o) §§3º, 4º, 5º e 6º do art. 896;*
*p) §5º do art. 899;*
II – a *alínea a do §8º do art. 28 da Lei nº 8.212, de 24 de julho de 1991;*

Essa supressão se deu em função da explícita caracterização da figura das *diárias de viagem* como parcela indenizatória, excluídas, por conseguinte, da base de cálculo de contribuições previdenciárias.

III – o *art. 2º da Medida Provisória nº 2.226, de 4 de setembro de 2001.*

Essa revogação se deu pelo fato de, tendo o novo texto disciplinado a figura da transcendência na admissibilidade de Recurso de Revista, ser desnecessária regulamentação pelo Tribunal Superior do Trabalho.

## 17.1 A *vacatio legis*

Pelas profundas modificações introduzidas nas relações de trabalho e no direito sindical, a fixação de período de *vacatio legis* de cento e vinte dias seria imprescindível para adequação das instituições e das pessoas em geral, ao novo regramento, que representa, sobretudo uma reforma de redução de custos trabalhistas sem que se possa falar em melhoria para o trabalhador, a não ser que se utilize um argumento muito repetido, mas falacioso – se o empregado custa menos, mais serão contratados. Tal é uma inverdade. O empregador não contratará trabalhadores supérfluos por terem ficado mais baratos, aumentará sua margem de lucro.

# BREVÍSSIMAS CONCLUSÕES

1. A reforma trabalhista é, em verdade, uma reforma para redução de custos trabalhistas;
2. Amplia a margem de negociação entre partes em posição absolutamente desiguais;
3. Contribui para o desmoronamento das estruturas sindicais;
4. Cria opções arbitrais que não favorecerão o trabalhador;
5. Possibilita trabalhos em condições precarizadas;
6. Dificulta o acesso à justiça e a busca por direitos com mecanismos que possibilitam quitações de direitos no curso do contrato.
7. A reforma é um retrato do momento que vive a sociedade brasileira.

# ANEXO

# TEXTO INTEGRAL DA LEI DA "REFORMA TRABALHISTA"

O PRESIDENTE DA REPÚBLICA Faço saber que o Congresso Nacional decreta e eu sanciono a seguinte Lei:

Art. 1º A Consolidação das Leis do Trabalho (CLT), aprovada pelo Decreto-Lei nº 5.452, de 1º de maio de 1943, passa a vigorar com as seguintes alterações:

"Art. 2º..............................................
..............................................

§2º Sempre que uma ou mais empresas, tendo, embora, cada uma delas, personalidade jurídica própria, estiverem sob a direção, controle ou administração de outra, ou ainda quando, mesmo guardando cada uma sua autonomia, integrem grupo econômico, serão responsáveis solidariamente pelas obrigações decorrentes da relação de emprego.

§3º Não caracteriza grupo econômico a mera identidade de sócios, sendo necessárias, para a configuração do grupo, a demonstração do interesse integrado, a efetiva comunhão de interesses e a atuação conjunta das empresas dele integrantes." (NR)

"Art. 4º..............................................

§1º Computar-se-ão, na contagem de tempo de serviço, para efeito de indenização e estabilidade, os períodos em que o empregado estiver afastado do trabalho prestando serviço militar e por motivo de acidente do trabalho.

§2º Por não se considerar tempo à disposição do empregador, não será computado como período extraordinário o que exceder a jornada normal, ainda que ultrapasse o limite de cinco minutos previsto no §1º do art. 58 desta Consolidação, quando o empregado, por escolha própria, buscar proteção pessoal, em caso de insegurança nas vias públicas ou más condições climáticas, bem como adentrar ou permanecer nas dependências da empresa para exercer atividades particulares, entre outras:

I – práticas religiosas;
II – descanso;
III – lazer;
IV – estudo;
V – alimentação;
VI – atividades de relacionamento social;
VII – higiene pessoal;
VIII – troca de roupa ou uniforme, quando não houver obrigatoriedade de realizar a troca na empresa." (NR)

"Art. 8º..............................................
§1º O direito comum será fonte subsidiária do direito do trabalho.

§2º Súmulas e outros enunciados de jurisprudência editados pelo Tribunal Superior do Trabalho e pelos Tribunais Regionais do Trabalho não poderão restringir direitos legalmente previstos nem criar obrigações que não estejam previstas em lei.

§3º No exame de convenção coletiva ou acordo coletivo de trabalho, a Justiça do Trabalho analisará exclusivamente a conformidade dos elementos essenciais do negócio jurídico, respeitado o disposto no art. 104 da Lei nº 10.406, de 10 de janeiro de 2002 (Código Civil), e balizará sua atuação pelo princípio da intervenção mínima na autonomia da vontade coletiva." (NR)

"Art. 10-A. O sócio retirante responde subsidiariamente pelas obrigações trabalhistas da sociedade relativas ao período em que figurou como sócio, somente em ações ajuizadas até dois anos depois de averbada a modificação do contrato, observada a seguinte ordem de preferência:

I – a empresa devedora;
II – os sócios atuais; e
III – os sócios retirantes.

Parágrafo único. O sócio retirante responderá solidariamente com os demais quando ficar comprovada fraude na

alteração societária decorrente da modificação do contrato."
"Art. 11. A pretensão quanto a créditos resultantes das relações de trabalho prescreve em cinco anos para os trabalhadores urbanos e rurais, até o limite de dois anos após a extinção do contrato de trabalho.
I – (revogado);
II – (revogado).

..........................................................

§2º Tratando-se de pretensão que envolva pedido de prestações sucessivas decorrente de alteração ou descumprimento do pactuado, a prescrição é total, exceto quando o direito à parcela esteja também assegurado por preceito de lei.
§3º A interrupção da prescrição somente ocorrerá pelo ajuizamento de reclamação trabalhista, mesmo que em juízo incompetente, ainda que venha a ser extinta sem resolução do mérito, produzindo efeitos apenas em relação aos pedidos idênticos." (NR)
"Art. 11-A. Ocorre a prescrição intercorrente no processo do trabalho no prazo de dois anos.
§1º A fluência do prazo prescricional intercorrente inicia-se quando o exequente deixa de cumprir determinação judicial no curso da execução.
§2º A declaração da prescrição intercorrente pode ser requerida ou declarada de ofício em qualquer grau de jurisdição."
"Art. 47. O empregador que mantiver empregado não registrado nos termos do art. 41 desta Consolidação ficará sujeito a multa no valor de R$ 3.000,00 (três mil reais) por empregado não registrado, acrescido de igual valor em cada reincidência.
§1º Especificamente quanto à infração a que se refere o **caput** deste artigo, o valor final da multa aplicada será de R$ 800,00 (oitocentos reais) por empregado não registrado, quando se tratar de microempresa ou empresa de pequeno porte.
§2º A infração de que trata o **caput** deste artigo constitui exceção ao critério da dupla visita." (NR)
"Art. 47-A. Na hipótese de não serem informados os dados a que se refere o parágrafo único do art. 41 desta Consolidação, o empregador ficará sujeito à multa de R$ 600,00 (seiscentos reais) por empregado prejudicado."
"Art. 58.............................................

..........................................................

§2º O tempo despendido pelo empregado desde a sua residência até a efetiva ocupação do posto de trabalho e para o seu retorno, caminhando ou por qualquer meio de transporte, inclusive o fornecido pelo empregador, não será computado na jornada de trabalho, por não ser tempo à disposição do empregador.
§3º (Revogado)." (NR)
"Art. 58-A. Considera-se trabalho em regime de tempo parcial aquele cuja duração não exceda a trinta horas semanais, sem a possibilidade de horas suplementares semanais, ou, ainda, aquele cuja duração não exceda a vinte e seis horas semanais, com a possibilidade de acréscimo de até seis horas suplementares semanais.

..........................................................

§3º As horas suplementares à duração do trabalho semanal normal serão pagas com o acréscimo de 50% (cinquenta por cento) sobre o salário-hora normal.
§4º Na hipótese de o contrato de trabalho em regime de tempo parcial ser estabelecido em número inferior a vinte e seis horas semanais, as horas suplementares a este quantitativo serão consideradas horas extras para fins do pagamento estipulado no §3º, estando também limitadas a seis horas suplementares semanais.
§5º As horas suplementares da jornada de trabalho normal poderão ser compensadas diretamente até a semana imediatamente posterior à da sua execução, devendo ser feita a sua quitação na folha de pagamento do mês subsequente, caso não sejam compensadas.
§6º É facultado ao empregado contratado sob regime de tempo parcial converter um terço do período de férias a que tiver direito em abono pecuniário.
§7º As férias do regime de tempo parcial são regidas pelo disposto no art. 130 desta Consolidação." (NR)
"Art. 59. A duração diária do trabalho poderá ser acrescida de horas extras, em número não excedente de duas, por

acordo individual, convenção coletiva ou acordo coletivo de trabalho.

§1º A remuneração da hora extra será, pelo menos, 50% (cinquenta por cento) superior à da hora normal.

..................................................

§3º Na hipótese de rescisão do contrato de trabalho sem que tenha havido a compensação integral da jornada extraordinária, na forma dos §§2º e 5º deste artigo, o trabalhador terá direito ao pagamento das horas extras não compensadas, calculadas sobre o valor da remuneração na data da rescisão.

§4º (Revogado).

§5º O banco de horas de que trata o §2º deste artigo poderá ser pactuado por acordo individual escrito, desde que a compensação ocorra no período máximo de seis meses.

§6º É lícito o regime de compensação de jornada estabelecido por acordo individual, tácito ou escrito, para a compensação no mesmo mês." (NR)

"Art. 59-A. Em exceção ao disposto no art. 59 desta Consolidação, é facultado às partes, mediante acordo individual escrito, convenção coletiva ou acordo coletivo de trabalho, estabelecer horário de trabalho de doze horas seguidas por trinta e seis horas ininterruptas de descanso, observados ou indenizados os intervalos para repouso e alimentação.

Parágrafo único. A remuneração mensal pactuada pelo horário previsto no **caput** deste artigo abrange os pagamentos devidos pelo descanso semanal remunerado e pelo descanso em feriados, e serão considerados compensados os feriados e as prorrogações de trabalho noturno, quando houver, de que tratam o art. 70 e o §5º do art. 73 desta Consolidação."

"Art. 59-B. O não atendimento das exigências legais para compensação de jornada, inclusive quando estabelecida mediante acordo tácito, não implica a repetição do pagamento das horas excedentes à jornada normal diária se não ultrapassada a duração máxima semanal, sendo devido apenas o respectivo adicional.

Parágrafo único. A prestação de horas extras habituais não descaracteriza o acordo de compensação de jornada e o banco de horas."

"Art. 60..............................................

Parágrafo único. Excetuam-se da exigência de licença prévia as jornadas de doze horas de trabalho por trinta e seis horas ininterruptas de descanso." (NR)

"Art. 61..............................................

§1º O excesso, nos casos deste artigo, pode ser exigido independentemente de convenção coletiva ou acordo coletivo de trabalho.

..................................................." (NR)

"Art. 62..............................................

..................................................

III – os empregados em regime de teletrabalho.

..................................................." (NR)

"Art. 71..............................................

..................................................

§4º A não concessão ou a concessão parcial do intervalo intrajornada mínimo, para repouso e alimentação, a empregados urbanos e rurais, implica o pagamento, de natureza indenizatória, apenas do período suprimido, com acréscimo de 50% (cinquenta por cento) sobre o valor da remuneração da hora normal de trabalho.

..................................................." (NR)

"TÍTULO II

..................................................

CAPÍTULO II-A
DO TELETRABALHO

'Art. 75-A. A prestação de serviços pelo empregado em regime de teletrabalho observará o disposto neste Capítulo.'

'Art. 75-B. Considera-se teletrabalho a prestação de serviços preponderantemente fora das dependências do empregador, com a utilização de tecnologias de informação e de comunicação que, por sua natureza, não se constituam como trabalho externo.

Parágrafo único. O comparecimento às dependências do empregador para a realização de atividades específicas que exijam a presença do empregado no estabelecimento não descaracteriza o regime de teletrabalho.'

'Art. 75-C. A prestação de serviços na modalidade de teletrabalho deverá constar expressamente do contrato individual de trabalho, que especificará as atividades que serão realizadas pelo empregado.

§1º Poderá ser realizada a alteração entre regime presencial e de teletrabalho desde que haja mútuo acordo entre as partes, registrado em aditivo contratual.

§2º Poderá ser realizada a alteração do regime de teletrabalho para o presencial por determinação do empregador, garantido prazo de transição mínimo de quinze dias, com correspondente registro em aditivo contratual.'

'Art. 75-D. As disposições relativas à responsabilidade pela aquisição, manutenção ou fornecimento dos equipamentos tecnológicos e da infraestrutura necessária e adequada à prestação do trabalho remoto, bem como ao reembolso de despesas arcadas pelo empregado, serão previstas em contrato escrito.

Parágrafo único. As utilidades mencionadas no **caput** deste artigo não integram a remuneração do empregado.'

'Art. 75-E. O empregador deverá instruir os empregados, de maneira expressa e ostensiva, quanto às precauções a tomar a fim de evitar doenças e acidentes de trabalho.

Parágrafo único. O empregado deverá assinar termo de responsabilidade comprometendo-se a seguir as instruções fornecidas pelo empregador.'"

"Art. 134............................................

§1º Desde que haja concordância do empregado, as férias poderão ser usufruídas em até três períodos, sendo que um deles não poderá ser inferior a quatorze dias corridos e os demais não poderão ser inferiores a cinco dias corridos, cada um.

§2º (Revogado).

§3º É vedado o início das férias no período de dois dias que antecede feriado ou dia de repouso semanal remunerado." (NR)

"TÍTULO II-A
DO DANO EXTRAPATRIMONIAL

'Art. 223-A. Aplicam-se à reparação de danos de natureza extrapatrimonial decorrentes da relação de trabalho apenas os dispositivos deste Título.'

'Art. 223-B. Causa dano de natureza extrapatrimonial a ação ou omissão que ofenda a esfera moral ou existencial da pessoa física ou jurídica, as quais são as titulares exclusivas do direito à reparação.'

'Art. 223-C. A honra, a imagem, a intimidade, a liberdade de ação, a autoestima, a sexualidade, a saúde, o lazer e a integridade física são os bens juridicamente tutelados inerentes à pessoa física.'

'Art. 223-D. A imagem, a marca, o nome, o segredo empresarial e o sigilo da correspondência são bens juridicamente tutelados inerentes à pessoa jurídica.'

'Art. 223-E. São responsáveis pelo dano extrapatrimonial todos os que tenham colaborado para a ofensa ao bem jurídico tutelado, na proporção da ação ou da omissão.'

'Art. 223-F. A reparação por danos extrapatrimoniais pode ser pedida cumulativamente com a indenização por danos materiais decorrentes do mesmo ato lesivo.

§1º Se houver cumulação de pedidos, o juízo, ao proferir a decisão, discriminará os valores das indenizações a título de danos patrimoniais e das reparações por danos de natureza extrapatrimonial.

§2º A composição das perdas e danos, assim compreendidos os lucros cessantes e os danos emergentes, não interfere na avaliação dos danos extrapatrimoniais.'

'Art. 223-G. Ao apreciar o pedido, o juízo considerará:

I – a natureza do bem jurídico tutelado;

II – a intensidade do sofrimento ou da humilhação;

III – a possibilidade de superação física ou psicológica;

IV – os reflexos pessoais e sociais da ação ou da omissão;

V – a extensão e a duração dos efeitos da ofensa;

VI – as condições em que ocorreu a ofensa ou o prejuízo moral;

VII – o grau de dolo ou culpa;

VIII – a ocorrência de retratação espontânea;

IX – o esforço efetivo para minimizar a ofensa;

X – o perdão, tácito ou expresso;

XI – a situação social e econômica das partes envolvidas;
XII – o grau de publicidade da ofensa.

§1º Se julgar procedente o pedido, o juízo fixará a indenização a ser paga, a cada um dos ofendidos, em um dos seguintes parâmetros, vedada a acumulação:
I – ofensa de natureza leve, até três vezes o último salário contratual do ofendido;
II – ofensa de natureza média, até cinco vezes o último salário contratual do ofendido;
III – ofensa de natureza grave, até vinte vezes o último salário contratual do ofendido;
IV – ofensa de natureza gravíssima, até cinquenta vezes o último salário contratual do ofendido.
§2º Se o ofendido for pessoa jurídica, a indenização será fixada com observância dos mesmos parâmetros estabelecidos no §1º deste artigo, mas em relação ao salário contratual do ofensor.
§3º Na reincidência entre partes idênticas, o juízo poderá elevar ao dobro o valor da indenização.'"

"Art. 394-A. Sem prejuízo de sua remuneração, nesta incluído o valor do adicional de insalubridade, a empregada deverá ser afastada de:
I – atividades consideradas insalubres em grau máximo, enquanto durar a gestação;
II – atividades consideradas insalubres em grau médio ou mínimo, quando apresentar atestado de saúde, emitido por médico de confiança da mulher, que recomende o afastamento durante a gestação;
III – atividades consideradas insalubres em qualquer grau, quando apresentar atestado de saúde, emitido por médico de confiança da mulher, que recomende o afastamento durante a lactação.
§1º...............................................
§2º Cabe à empresa pagar o adicional de insalubridade à gestante ou à lactante, efetivando-se a compensação, observado o disposto no art. 248 da Constituição Federal, por ocasião do recolhimento das contribuições incidentes sobre a folha de salários e demais rendimentos pagos ou creditados, a qualquer título, à pessoa física que lhe preste serviço.
§3º Quando não for possível que a gestante ou a lactante afastada nos termos do **caput** deste artigo exerça suas atividades em local salubre na empresa, a hipótese será considerada como gravidez de risco e ensejará a percepção de salário-maternidade, nos termos da Lei nº 8.213, de 24 de julho de 1991, durante todo o período de afastamento." (NR)

"Art. 396.............................................
§1º...............................................
§2º Os horários dos descansos previstos no **caput** deste artigo deverão ser definidos em acordo individual entre a mulher e o empregador." (NR)

"Art. 442-B. A contratação do autônomo, cumpridas por este todas as formalidades legais, com ou sem exclusividade, de forma contínua ou não, afasta a qualidade de empregado prevista no art. 3º desta Consolidação."

"Art. 443. O contrato individual de trabalho poderá ser acordado tácita ou expressamente, verbalmente ou por escrito, por prazo determinado ou indeterminado, ou para prestação de trabalho intermitente.
................................................
§3º Considera-se como intermitente o contrato de trabalho no qual a prestação de serviços, com subordinação, não é contínua, ocorrendo com alternância de períodos de prestação de serviços e de inatividade, determinados em horas, dias ou meses, independentemente do tipo de atividade do empregado e do empregador, exceto para os aeronautas, regidos por legislação própria." (NR)

"Art. 444..............................................
Parágrafo único. A livre estipulação a que se refere o **caput** deste artigo aplica-se às hipóteses previstas no art. 611-A desta Consolidação, com a mesma eficácia legal e preponderância sobre os instrumentos coletivos, no caso de empregado portador de diploma de nível superior e que perceba salário mensal igual ou superior a duas vezes o limite máximo dos benefícios do Regime Geral de Previdência Social." (NR)

"Art. 448-A. Caracterizada a sucessão empresarial ou de empregadores prevista nos arts. 10 e 448 desta Consolidação, as obrigações trabalhistas, inclusive as contraídas à época em que os empregados trabalhavam para a empresa sucedida, são de responsabilidade do sucessor.

Parágrafo único. A empresa sucedida responderá solidariamente com a sucessora quando ficar comprovada fraude na transferência."

"Art. 452-A. O contrato de trabalho intermitente deve ser celebrado por escrito e deve conter especificamente o valor da hora de trabalho, que não pode ser inferior ao valor horário do salário mínimo ou àquele devido aos demais empregados do estabelecimento que exerçam a mesma função em contrato intermitente ou não.

§1º O empregador convocará, por qualquer meio de comunicação eficaz, para a prestação de serviços, informando qual será a jornada, com, pelo menos, três dias corridos de antecedência.

§2º Recebida a convocação, o empregado terá o prazo de um dia útil para responder ao chamado, presumindo-se, no silêncio, a recusa.

§3º A recusa da oferta não descaracteriza a subordinação para fins do contrato de trabalho intermitente.

§4º Aceita a oferta para o comparecimento ao trabalho, a parte que descumprir, sem justo motivo, pagará à outra parte, no prazo de trinta dias, multa de 50% (cinquenta por cento) da remuneração que seria devida, permitida a compensação em igual prazo.

§5º O período de inatividade não será considerado tempo à disposição do empregador, podendo o trabalhador prestar serviços a outros contratantes.

§6º Ao final de cada período de prestação de serviço, o empregado receberá o pagamento imediato das seguintes parcelas:

I – remuneração;

II – férias proporcionais com acréscimo de um terço;

III – décimo terceiro salário proporcional;

IV – repouso semanal remunerado; e

V – adicionais legais.

§7º O recibo de pagamento deverá conter a discriminação dos valores pagos relativos a cada uma das parcelas referidas no §6º deste artigo.

§8º O empregador efetuará o recolhimento da contribuição previdenciária e o depósito do Fundo de Garantia do Tempo de Serviço, na forma da lei, com base nos valores pagos no período mensal e fornecerá ao empregado comprovante do cumprimento dessas obrigações.

§9º A cada doze meses, o empregado adquire direito a usufruir, nos doze meses subsequentes, um mês de férias, período no qual não poderá ser convocado para prestar serviços pelo mesmo empregador."

"Art. 456-A. Cabe ao empregador definir o padrão de vestimenta no meio ambiente laboral, sendo lícita a inclusão no uniforme de logomarcas da própria empresa ou de empresas parceiras e de outros itens de identificação relacionados à atividade desempenhada.

Parágrafo único. A higienização do uniforme é de responsabilidade do trabalhador, salvo nas hipóteses em que forem necessários procedimentos ou produtos diferentes dos utilizados para a higienização das vestimentas de uso comum."

"Art. 457............................................

§1º Integram o salário a importância fixa estipulada, as gratificações legais e as comissões pagas pelo empregador.

§2º As importâncias, ainda que habituais, pagas a título de ajuda de custo, auxílio-alimentação, vedado seu pagamento em dinheiro, diárias para viagem, prêmios e abonos não integram a remuneração do empregado, não se incorporam ao contrato de trabalho e não constituem base de incidência de qualquer encargo trabalhista e previdenciário.

............................................

§4º Consideram-se prêmios as liberalidades concedidas pelo empregador em forma de bens, serviços ou valor em dinheiro a empregado ou a grupo de empregados, em razão de desempenho superior ao ordinariamente esperado no exercício de suas atividades." (NR)

"Art. 458............................................
....................................................
§5º O valor relativo à assistência prestada por serviço médico ou odontológico, próprio ou não, inclusive o reembolso de despesas com medicamentos, óculos, aparelhos ortopédicos, próteses, órteses, despesas médico-hospitalares e outras similares, mesmo quando concedido em diferentes modalidades de planos e coberturas, não integram o salário do empregado para qualquer efeito nem o salário de contribuição, para efeitos do previsto na alínea *q* do §9º do art. 28 da Lei nº 8.212, de 24 de julho de 1991."(NR)

"Art. 461. Sendo idêntica a função, a todo trabalho de igual valor, prestado ao mesmo empregador, no mesmo estabelecimento empresarial, corresponderá igual salário, sem distinção de sexo, etnia, nacionalidade ou idade.

§1º Trabalho de igual valor, para os fins deste Capítulo, será o que for feito com igual produtividade e com a mesma perfeição técnica, entre pessoas cuja diferença de tempo de serviço para o mesmo empregador não seja superior a quatro anos e a diferença de tempo na função não seja superior a dois anos.

§2º Os dispositivos deste artigo não prevalecerão quando o empregador tiver pessoal organizado em quadro de carreira ou adotar, por meio de norma interna da empresa ou de negociação coletiva, plano de cargos e salários, dispensada qualquer forma de homologação ou registro em órgão público.

§3º No caso do §2º deste artigo, as promoções poderão ser feitas por merecimento e por antiguidade, ou por apenas um destes critérios, dentro de cada categoria profissional.
....................................................
§5º A equiparação salarial só será possível entre empregados contemporâneos no cargo ou na função, ficando vedada a indicação de paradigmas remotos, ainda que o paradigma contemporâneo tenha obtido a vantagem em ação judicial própria.

§6º No caso de comprovada discriminação por motivo de sexo ou etnia, o juízo determinará, além do pagamento das diferenças salariais devidas, multa, em favor do empregado discriminado, no valor de 50% (cinquenta por cento) do limite máximo dos benefícios do Regime Geral de Previdência Social." (NR)

"Art. 468............................................
§1º..................................................
§2º A alteração de que trata o §1º deste artigo, com ou sem justo motivo, não assegura ao empregado o direito à manutenção do pagamento da gratificação correspondente, que não será incorporada, independentemente do tempo de exercício da respectiva função." (NR)

"Art. 477. Na extinção do contrato de trabalho, o empregador deverá proceder à anotação na Carteira de Trabalho e Previdência Social, comunicar a dispensa aos órgãos competentes e realizar o pagamento das verbas rescisórias no prazo e na forma estabelecidos neste artigo.

§1º (Revogado).
....................................................
§3º (Revogado).

§4º O pagamento a que fizer jus o empregado será efetuado:

I – em dinheiro, depósito bancário ou cheque visado, conforme acordem as partes; ou

II – em dinheiro ou depósito bancário quando o empregado for analfabeto.
....................................................
§6º A entrega ao empregado de documentos que comprovem a comunicação da extinção contratual aos órgãos competentes bem como o pagamento dos valores constantes do instrumento de rescisão ou recibo de quitação deverão ser efetuados até dez dias contados a partir do término do contrato.

a) (revogada);
b) (revogada).

§7º (Revogado).
....................................................
§10. A anotação da extinção do contrato na Carteira de Trabalho e Previdência Social é documento hábil para requerer o benefício do seguro-desemprego e a movimentação da conta vinculada no Fundo de Garantia do Tempo de Serviço, nas hipóteses legais, desde que a comunicação prevista no **caput** deste artigo tenha sido realizada." (NR)

"Art. 477-A. As dispensas imotivadas individuais, plúrimas ou coletivas equiparam-se para todos os fins, não havendo necessidade de autorização prévia de entidade sindical ou de celebração de convenção coletiva ou acordo coletivo de trabalho para sua efetivação."

"Art. 477-B. Plano de Demissão Voluntária ou Incentivada, para dispensa individual, plúrima ou coletiva, previsto em convenção coletiva ou acordo coletivo de trabalho, enseja quitação plena e irrevogável dos direitos decorrentes da relação empregatícia, salvo disposição em contrário estipulada entre as partes."

"Art. 482..............................
............
m) perda da habilitação ou dos requisitos estabelecidos em lei para o exercício da profissão, em decorrência de conduta dolosa do empregado.
..............................." (NR)

"Art. 484-A. O contrato de trabalho poderá ser extinto por acordo entre empregado e empregador, caso em que serão devidas as seguintes verbas trabalhistas:
I – por metade:
a) o aviso prévio, se indenizado; e
b) a indenização sobre o saldo do Fundo de Garantia do Tempo de Serviço, prevista no §1º do art. 18 da Lei nº 8.036, de 11 de maio de 1990;
II – na integralidade, as demais verbas trabalhistas.
§1º A extinção do contrato prevista no **caput** deste artigo permite a movimentação da conta vinculada do trabalhador no Fundo de Garantia do Tempo de Serviço na forma do inciso I-A do art. 20 da Lei nº 8.036, de 11 de maio de 1990, limitada até 80% (oitenta por cento) do valor dos depósitos.
§2º A extinção do contrato por acordo prevista no **caput** deste artigo não autoriza o ingresso no Programa de Seguro-Desemprego."

"Art. 507-A. Nos contratos individuais de trabalho cuja remuneração seja superior a duas vezes o limite máximo estabelecido para os benefícios do Regime Geral de Previdência Social, poderá ser pactuada cláusula compromissória de arbitragem, desde que por iniciativa do empregado ou mediante a sua concordância expressa, nos termos previstos na Lei nº 9.307, de 23 de setembro de 1996."

"Art. 507-B. É facultado a empregados e empregadores, na vigência ou não do contrato de emprego, firmar o termo de quitação anual de obrigações trabalhistas, perante o sindicato dos empregados da categoria.
Parágrafo único. O termo discriminará as obrigações de dar e fazer cumpridas mensalmente e dele constará a quitação anual dada pelo empregado, com eficácia liberatória das parcelas nele especificadas."

"TÍTULO IV-A
DA REPRESENTAÇÃO DOS EMPREGADOS

'Art. 510-A. Nas empresas com mais de duzentos empregados, é assegurada a eleição de uma comissão para representá-los, com a finalidade de promover-lhes o entendimento direto com os empregadores.
§1º A comissão será composta:
I – nas empresas com mais de duzentos e até três mil empregados, por três membros;
II – nas empresas com mais de três mil e até cinco mil empregados, por cinco membros;
III – nas empresas com mais de cinco mil empregados, por sete membros.
§2º No caso de a empresa possuir empregados em vários Estados da Federação e no Distrito Federal, será assegurada a eleição de uma comissão de representantes dos empregados por Estado ou no Distrito Federal, na mesma forma estabelecida no §1º deste artigo.'

'Art. 510-B. A comissão de representantes dos empregados terá as seguintes atribuições:
I – representar os empregados perante a administração da empresa;
II – aprimorar o relacionamento entre a empresa e seus empregados com base nos princípios da boa-fé e do respeito mútuo;

III – promover o diálogo e o entendimento no ambiente de trabalho com o fim de prevenir conflitos;

IV – buscar soluções para os conflitos decorrentes da relação de trabalho, de forma rápida e eficaz, visando à efetiva aplicação das normas legais e contratuais;

V – assegurar tratamento justo e imparcial aos empregados, impedindo qualquer forma de discriminação por motivo de sexo, idade, religião, opinião política ou atuação sindical;

VI – encaminhar reivindicações específicas dos empregados de seu âmbito de representação;

VII – acompanhar o cumprimento das leis trabalhistas, previdenciárias e das convenções coletivas e acordos coletivos de trabalho.

§1º As decisões da comissão de representantes dos empregados serão sempre colegiadas, observada a maioria simples.

§2º A comissão organizará sua atuação de forma independente.'

'Art. 510-C. A eleição será convocada, com antecedência mínima de trinta dias, contados do término do mandato anterior, por meio de edital que deverá ser fixado na empresa, com ampla publicidade, para inscrição de candidatura.

§1º Será formada comissão eleitoral, integrada por cinco empregados, não candidatos, para a organização e o acompanhamento do processo eleitoral, vedada a interferência da empresa e do sindicato da categoria.

§2º Os empregados da empresa poderão candidatar-se, exceto aqueles com contrato de trabalho por prazo determinado, com contrato suspenso ou que estejam em período de aviso prévio, ainda que indenizado.

§3º Serão eleitos membros da comissão de representantes dos empregados os candidatos mais votados, em votação secreta, vedado o voto por representação.

§4º A comissão tomará posse no primeiro dia útil seguinte à eleição ou ao término do mandato anterior.

§5º Se não houver candidatos suficientes, a comissão de representantes dos empregados poderá ser formada com número de membros inferior ao previsto no art. 510-A desta Consolidação.

§6º Se não houver registro de candidatura, será lavrada ata e convocada nova eleição no prazo de um ano.'

'Art. 510-D. O mandato dos membros da comissão de representantes dos empregados será de um ano.

§1º O membro que houver exercido a função de representante dos empregados na comissão não poderá ser candidato nos dois períodos subsequentes.

§2º O mandato de membro de comissão de representantes dos empregados não implica suspensão ou interrupção do contrato de trabalho, devendo o empregado permanecer no exercício de suas funções.

§3º Desde o registro da candidatura até um ano após o fim do mandato, o membro da comissão de representantes dos empregados não poderá sofrer despedida arbitrária, entendendo-se como tal a que não se fundar em motivo disciplinar, técnico, econômico ou financeiro.

§4º Os documentos referentes ao processo eleitoral devem ser emitidos em duas vias, as quais permanecerão sob a guarda dos empregados e da empresa pelo prazo de cinco anos, à disposição para consulta de qualquer trabalhador interessado, do Ministério Público do Trabalho e do Ministério do Trabalho.'"

"Art. 545. Os empregadores ficam obrigados a descontar da folha de pagamento dos seus empregados, desde que por eles devidamente autorizados, as contribuições devidas ao sindicato, quando por este notificados.

............................................................" (NR)

"Art. 578. As contribuições devidas aos sindicatos pelos participantes das categorias econômicas ou profissionais ou das profissões liberais representadas pelas referidas entidades serão, sob a denominação de contribuição sindical, pagas, recolhidas e aplicadas na forma estabelecida neste Capítulo, desde que prévia e expressamente autorizadas." (NR)

"Art. 579. O desconto da contribuição sindical está condicionado à autorização prévia e expressa dos que participarem de uma determinada categoria econômica ou profissional, ou de uma profissão liberal, em favor do sindicato representativo da mesma categoria ou profissão ou, inexistindo este, na conformidade do disposto no art. 591 desta Consolidação." (NR)

"Art. 582. Os empregadores são obrigados a descontar da folha de pagamento de seus empregados relativa ao mês de março de cada ano a contribuição sindical dos empregados que autorizaram prévia e expressamente o seu recolhimento aos respectivos sindicatos.

..................................................." (NR)

"Art. 583. O recolhimento da contribuição sindical referente aos empregados e trabalhadores avulsos será efetuado no mês de abril de cada ano, e o relativo aos agentes ou trabalhadores autônomos e profissionais liberais realizar-se-á no mês de fevereiro, observada a exigência de autorização prévia e expressa prevista no art. 579 desta Consolidação.

..................................................." (NR)

"Art. 587. Os empregadores que optarem pelo recolhimento da contribuição sindical deverão fazê-lo no mês de janeiro de cada ano, ou, para os que venham a se estabelecer após o referido mês, na ocasião em que requererem às repartições o registro ou a licença para o exercício da respectiva atividade." (NR)

"Art. 602. Os empregados que não estiverem trabalhando no mês destinado ao desconto da contribuição sindical e que venham a autorizar prévia e expressamente o recolhimento serão descontados no primeiro mês subsequente ao do reinício do trabalho.

..................................................." (NR)

"Art. 611-A. A convenção coletiva e o acordo coletivo de trabalho têm prevalência sobre a lei quando, entre outros, dispuserem sobre:

I – pacto quanto à jornada de trabalho, observados os limites constitucionais;

II – banco de horas anual;

III – intervalo intrajornada, respeitado o limite mínimo de trinta minutos para jornadas superiores a seis horas;

IV – adesão ao Programa Seguro-Emprego (PSE), de que trata a Lei nº 13.189, de 19 de novembro de 2015;

V – plano de cargos, salários e funções compatíveis com a condição pessoal do empregado, bem como identificação dos cargos que se enquadram como funções de confiança;

VI – regulamento empresarial;

VII – representante dos trabalhadores no local de trabalho;

VIII – teletrabalho, regime de sobreaviso, e trabalho intermitente;

IX – remuneração por produtividade, incluídas as gorjetas percebidas pelo empregado, e remuneração por desempenho individual;

X – modalidade de registro de jornada de trabalho;

XI – troca do dia de feriado;

XII – enquadramento do grau de insalubridade;

XIII – prorrogação de jornada em ambientes insalubres, sem licença prévia das autoridades competentes do Ministério do Trabalho;

XIV – prêmios de incentivo em bens ou serviços, eventualmente concedidos em programas de incentivo;

XV – participação nos lucros ou resultados da empresa.

§1º No exame da convenção coletiva ou do acordo coletivo de trabalho, a Justiça do Trabalho observará o disposto no §3º do art. 8º desta Consolidação.

§2º A inexistência de expressa indicação de contrapartidas recíprocas em convenção coletiva ou acordo coletivo de trabalho não ensejará sua nulidade por não caracterizar um vício do negócio jurídico.

§3º Se for pactuada cláusula que reduza o salário ou a jornada, a convenção coletiva ou o acordo coletivo de trabalho deverão prever a proteção dos empregados contra dispensa imotivada durante o prazo de vigência do instrumento coletivo.

§4º Na hipótese de procedência de ação anulatória de cláusula de convenção coletiva ou de acordo coletivo de trabalho, quando houver a cláusula compensatória, esta deverá ser igualmente anulada, sem repetição do indébito:

§5º Os sindicatos subscritores de convenção coletiva ou de acordo coletivo de trabalho deverão participar, como litisconsortes necessários, em ação individual ou coletiva, que tenha como objeto a anulação de cláusulas desses instrumentos."

"Art. 611-B. Constituem objeto ilícito de convenção coletiva ou de acordo coletivo de trabalho, exclusivamente, a supressão ou a redução dos seguintes direitos:

I – normas de identificação profissional, inclusive as anotações na Carteira de Trabalho e Previdência Social;

II – seguro-desemprego, em caso de desemprego involuntário;

III – valor dos depósitos mensais e da indenização rescisória do Fundo de Garantia do Tempo de Serviço (FGTS);

IV – salário mínimo;

V – valor nominal do décimo terceiro salário;

VI – remuneração do trabalho noturno superior à do diurno;

VII – proteção do salário na forma da lei, constituindo crime sua retenção dolosa;

VIII – salário-família;

IX – repouso semanal remunerado;

X – remuneração do serviço extraordinário superior, no mínimo, em 50% (cinquenta por cento) à do normal;

XI – número de dias de férias devidas ao empregado;

XII – gozo de férias anuais remuneradas com, pelo menos, um terço a mais do que o salário normal;

XIII – licença-maternidade com a duração mínima de cento e vinte dias;

XIV – licença-paternidade nos termos fixados em lei;

XV – proteção do mercado de trabalho da mulher, mediante incentivos específicos, nos termos da lei;

XVI – aviso prévio proporcional ao tempo de serviço, sendo no mínimo de trinta dias, nos termos da lei;

XVII – normas de saúde, higiene e segurança do trabalho previstas em lei ou em normas regulamentadoras do Ministério do Trabalho;

XVIII – adicional de remuneração para as atividades penosas, insalubres ou perigosas;

XIX – aposentadoria;

XX – seguro contra acidentes de trabalho, a cargo do empregador;

XXI – ação, quanto aos créditos resultantes das relações de trabalho, com prazo prescricional de cinco anos para os trabalhadores urbanos e rurais, até o limite de dois anos após a extinção do contrato de trabalho;

XXII – proibição de qualquer discriminação no tocante a salário e critérios de admissão do trabalhador com deficiência;

XXIII – proibição de trabalho noturno, perigoso ou insalubre a menores de dezoito anos e de qualquer trabalho a menores de dezesseis anos, salvo na condição de aprendiz, a partir de quatorze anos;

XXIV – medidas de proteção legal de crianças e adolescentes;

XXV – igualdade de direitos entre o trabalhador com vínculo empregatício permanente e o trabalhador avulso;

XXVI – liberdade de associação profissional ou sindical do trabalhador, inclusive o direito de não sofrer, sem sua expressa e prévia anuência, qualquer cobrança ou desconto salarial estabelecidos em convenção coletiva ou acordo coletivo de trabalho;

XXVII – direito de greve, competindo aos trabalhadores decidir sobre a oportunidade de exercê-lo e sobre os interesses que devam por meio dele defender;

XXVIII – definição legal sobre os serviços ou atividades essenciais e disposições legais sobre o atendimento das necessidades inadiáveis da comunidade em caso de greve;

XXIX – tributos e outros créditos de terceiros;

XXX – as disposições previstas nos arts. 373-A, 390, 392, 392-A, 394, 394-A, 395, 396 e 400 desta Consolidação.

Parágrafo único. Regras sobre duração do trabalho e intervalos não são consideradas como normas de saúde, higiene e segurança do trabalho para os fins do disposto neste artigo."

"Art. 614............................................

............................................................

§3º Não será permitido estipular duração de convenção coletiva ou acordo coletivo de trabalho superior a dois anos, sendo vedada a ultratividade." (NR)

"Art. 620. As condições estabelecidas em acordo coletivo de trabalho sempre prevalecerão sobre as estipuladas em convenção coletiva de trabalho." (NR)
"Art. 634............................................
§1º.....................................................
§2º Os valores das multas administrativas expressos em moeda corrente serão reajustados anualmente pela Taxa Referencial (TR), divulgada pelo Banco Central do Brasil, ou pelo índice que vier a substituí-lo." (NR)
"Art. 652. Compete às Varas do Trabalho: \
.......................................................
f) decidir quanto à homologação de acordo extrajudicial em matéria de competência da Justiça do Trabalho.
.............................................." (NR)
"Art. 702............................................
I –......................................................
.......................................................
f) estabelecer ou alterar súmulas e outros enunciados de jurisprudência uniforme, pelo voto de pelo menos dois terços de seus membros, caso a mesma matéria já tenha sido decidida de forma idêntica por unanimidade em, no mínimo, dois terços das turmas em pelo menos dez sessões diferentes em cada uma delas, podendo, ainda, por maioria de dois terços de seus membros, restringir os efeitos daquela declaração ou decidir que ela só tenha eficácia a partir de sua publicação no Diário Oficial;
.......................................................
§3º As sessões de julgamento sobre estabelecimento ou alteração de súmulas e outros enunciados de jurisprudência deverão ser públicas, divulgadas com, no mínimo, trinta dias de antecedência, e deverão possibilitar a sustentação oral pelo Procurador-Geral do Trabalho, pelo Conselho Federal da Ordem dos Advogados do Brasil, pelo Advogado-Geral da União e por confederações sindicais ou entidades de classe de âmbito nacional.
§4º O estabelecimento ou a alteração de súmulas e outros enunciados de jurisprudência pelos Tribunais Regionais do Trabalho deverão observar o disposto na alínea *f* do inciso I e no §3º deste artigo,

com rol equivalente de legitimados para sustentação oral, observada a abrangência de sua circunscrição judiciária." (NR)
"Art. 775. Os prazos estabelecidos neste Título serão contados em dias úteis, com exclusão do dia do começo e inclusão do dia do vencimento.
§1º Os prazos podem ser prorrogados, pelo tempo estritamente necessário, nas seguintes hipóteses:
I – quando o juízo entender necessário;
II – em virtude de força maior, devidamente comprovada.
§2º Ao juízo incumbe dilatar os prazos processuais e alterar a ordem de produção dos meios de prova, adequando-os às necessidades do conflito de modo a conferir maior efetividade à tutela do direito." (NR)
"Art. 789. Nos dissídios individuais e nos dissídios coletivos do trabalho, nas ações e procedimentos de competência da Justiça do Trabalho, bem como nas demandas propostas perante a Justiça Estadual, no exercício da jurisdição trabalhista, as custas relativas ao processo de conhecimento incidirão à base de 2% (dois por cento), observado o mínimo de R$ 10,64 (dez reais e sessenta e quatro centavos) e o máximo de quatro vezes o limite máximo dos benefícios do Regime Geral de Previdência Social, e serão calculadas:
.............................................." (NR)
"Art. 790............................................
.......................................................
§3º É facultado aos juízes, órgãos julgadores e presidentes dos tribunais do trabalho de qualquer instância conceder, a requerimento ou de ofício, o benefício da justiça gratuita, inclusive quanto a traslados e instrumentos, àqueles que perceberem salário igual ou inferior a 40% (quarenta por cento) do limite máximo dos benefícios do Regime Geral de Previdência Social.
§4º O benefício da justiça gratuita será concedido à parte que comprovar insuficiência de recursos para o pagamento das custas do processo." (NR)
"Art. 790-B. A responsabilidade pelo pagamento dos honorários periciais é da parte sucumbente na pretensão objeto

da perícia, ainda que beneficiária da justiça gratuita.

§1º Ao fixar o valor dos honorários periciais, o juízo deverá respeitar o limite máximo estabelecido pelo Conselho Superior da Justiça do Trabalho.

§2º O juízo poderá deferir parcelamento dos honorários periciais.

§3º O juízo não poderá exigir adiantamento de valores para realização de perícias.

§4º Somente no caso em que o beneficiário da justiça gratuita não tenha obtido em juízo créditos capazes de suportar a despesa referida no **caput**, ainda que em outro processo, a União responderá pelo encargo." (NR)

"Art. 791-A. Ao advogado, ainda que atue em causa própria, serão devidos honorários de sucumbência, fixados entre o mínimo de 5% (cinco por cento) e o máximo de 15% (quinze por cento) sobre o valor que resultar da liquidação da sentença, do proveito econômico obtido ou, não sendo possível mensurá-lo, sobre o valor atualizado da causa.

§1º Os honorários são devidos também nas ações contra a Fazenda Pública e nas ações em que a parte estiver assistida ou substituída pelo sindicato de sua categoria.

§2º Ao fixar os honorários, o juízo observará:

I – o grau de zelo do profissional;
II – o lugar de prestação do serviço;
III – a natureza e a importância da causa;
IV – o trabalho realizado pelo advogado e o tempo exigido para o seu serviço.

§3º Na hipótese de procedência parcial, o juízo arbitrará honorários de sucumbência recíproca, vedada a compensação entre os honorários.

§4º Vencido o beneficiário da justiça gratuita, desde que não tenha obtido em juízo, ainda que em outro processo, créditos capazes de suportar a despesa, as obrigações decorrentes de sua sucumbência ficarão sob condição suspensiva de exigibilidade e somente poderão ser executadas se, nos dois anos subsequentes ao trânsito em julgado da decisão que as certificou, o credor demonstrar que deixou de existir a situação de insuficiência de recursos que justificou a concessão de gratuidade, extinguindo-se, passado esse prazo, tais obrigações do beneficiário.

§5º São devidos honorários de sucumbência na reconvenção."

"TÍTULO X
.........................................................
CAPÍTULO II
.........................................................
**Seção IV-A**
Da Responsabilidade por Dano Processual
'Art. 793-A. Responde por perdas e danos aquele que litigar de má-fé como reclamante, reclamado ou interveniente.'

'Art. 793-B. Considera-se litigante de má-fé aquele que:

I – deduzir pretensão ou defesa contra texto expresso de lei ou fato incontroverso;
II – alterar a verdade dos fatos;
III – usar do processo para conseguir objetivo ilegal;
IV – opuser resistência injustificada ao andamento do processo;
V – proceder de modo temerário em qualquer incidente ou ato do processo;
VI – provocar incidente manifestamente infundado;
VII – interpuser recurso com intuito manifestamente protelatório.'

'Art. 793-C. De ofício ou a requerimento, o juízo condenará o litigante de má-fé a pagar multa, que deverá ser superior a 1% (um por cento) e inferior a 10% (dez por cento) do valor corrigido da causa, a indenizar a parte contrária pelos prejuízos que esta sofreu e a arcar com os honorários advocatícios e com todas as despesas que efetuou.

§1º Quando forem dois ou mais os litigantes de má-fé, o juízo condenará cada um na proporção de seu respectivo interesse na causa ou solidariamente aqueles que se coligaram para lesar a parte contrária.

§2º Quando o valor da causa for irrisório ou inestimável, a multa poderá ser fixada em até duas vezes o limite máximo dos benefícios do Regime Geral de Previdência Social.

§3º O valor da indenização será fixado pelo juízo ou, caso não seja possível mensurá-lo, liquidado por arbitramento ou pelo procedimento comum, nos próprios autos.'

'Art. 793-D. Aplica-se a multa prevista no art. 793-C desta Consolidação à testemunha que intencionalmente alterar a verdade dos fatos ou omitir fatos essenciais ao julgamento da causa.

Parágrafo único. A execução da multa prevista neste artigo dar-se-á nos mesmos autos.'"

"Art. 800. Apresentada exceção de incompetência territorial no prazo de cinco dias a contar da notificação, antes da audiência e em peça que sinalize a existência desta exceção, seguir-se-á o procedimento estabelecido neste artigo.

§1º Protocolada a petição, será suspenso o processo e não se realizará a audiência a que se refere o art. 843 desta Consolidação até que se decida a exceção.

§2º Os autos serão imediatamente conclusos ao juiz, que intimará o reclamante e, se existentes, os litisconsortes, para manifestação no prazo comum de cinco dias.

§3º Se entender necessária a produção de prova oral, o juízo designará audiência, garantindo o direito de o excipiente e de suas testemunhas serem ouvidos, por carta precatória, no juízo que este houver indicado como competente.

§4º Decidida a exceção de incompetência territorial, o processo retomará seu curso, com a designação de audiência, a apresentação de defesa e a instrução processual perante o juízo competente." (NR)

"Art. 818. O ônus da prova incumbe:

I – ao reclamante, quanto ao fato constitutivo de seu direito;

II – ao reclamado, quanto à existência de fato impeditivo, modificativo ou extintivo do direito do reclamante.

§1º Nos casos previstos em lei ou diante de peculiaridades da causa relacionadas à impossibilidade ou à excessiva dificuldade de cumprir o encargo nos termos deste artigo ou à maior facilidade de obtenção da prova do fato contrário, poderá o juízo atribuir o ônus da prova de modo diverso, desde que o faça por decisão fundamentada, caso em que deverá dar à parte a oportunidade de se desincumbir do ônus que lhe foi atribuído.

§2º A decisão referida no §1º deste artigo deverá ser proferida antes da abertura da instrução e, a requerimento da parte, implicará o adiamento da audiência e possibilitará provar os fatos por qualquer meio em direito admitido.

§3º A decisão referida no §1º deste artigo não pode gerar situação em que a desincumbência do encargo pela parte seja impossível ou excessivamente difícil." (NR)

"Art. 840..........................................

§1º Sendo escrita, a reclamação deverá conter a designação do juízo, a qualificação das partes, a breve exposição dos fatos de que resulte o dissídio, o pedido, que deverá ser certo, determinado e com indicação de seu valor, a data e a assinatura do reclamante ou de seu representante.

§2º Se verbal, a reclamação será reduzida a termo, em duas vias datadas e assinadas pelo escrivão ou secretário, observado, no que couber, o disposto no §1º deste artigo.

§3º Os pedidos que não atendam ao disposto no §1º deste artigo serão julgados extintos sem resolução do mérito." (NR)

"Art. 841..........................................
..........................................................

§3º Oferecida a contestação, ainda que eletronicamente, o reclamante não poderá, sem o consentimento do reclamado, desistir da ação." (NR)

"Art. 843..........................................
..........................................................

§3º O preposto a que se refere o §1º deste artigo não precisa ser empregado da parte reclamada." (NR)

"Art. 844..........................................

§1º Ocorrendo motivo relevante, poderá o juiz suspender o julgamento, designando nova audiência.

§2º Na hipótese de ausência do reclamante, este será condenado ao pagamento das custas calculadas na forma do art. 789 desta Consolidação, ainda que beneficiário da justiça gratuita, salvo se comprovar, no prazo de quinze dias, que a ausência ocorreu por motivo legalmente justificável.

§3º O pagamento das custas a que se refere o §2º é condição para a propositura de nova demanda.

§4º A revelia não produz o efeito mencionado no **caput** deste artigo se:

I – havendo pluralidade de reclamados, algum deles contestar a ação;

II – o litígio versar sobre direitos indisponíveis;

III – a petição inicial não estiver acompanhada de instrumento que a lei considere indispensável à prova do ato;

IV – as alegações de fato formuladas pelo reclamante forem inverossímeis ou estiverem em contradição com prova constante dos autos.

§5º Ainda que ausente o reclamado, presente o advogado na audiência, serão aceitos a contestação e os documentos eventualmente apresentados."(NR)

"Art. 847............................................

Parágrafo único. A parte poderá apresentar defesa escrita pelo sistema de processo judicial eletrônico até a audiência." (NR)

"TÍTULO X

..................................................................

CAPÍTULO III

..................................................................

Seção IV
**Do Incidente de Desconsideração da Personalidade Jurídica**

'Art. 855-A. Aplica-se ao processo do trabalho o incidente de desconsideração da personalidade jurídica previsto nos arts. 133 a 137 da Lei nº 13.105, de 16 de março de 2015 – Código de Processo Civil.

§1º Da decisão interlocutória que acolher ou rejeitar o incidente:

I – na fase de cognição, não cabe recurso de imediato, na forma do §1º do art. 893 desta Consolidação;

II – na fase de execução, cabe agravo de petição, independentemente de garantia do juízo;

III – cabe agravo interno se proferida pelo relator em incidente instaurado originariamente no tribunal.

§2º A instauração do incidente suspenderá o processo, sem prejuízo de concessão da tutela de urgência de natureza cautelar de que trata o art. 301 da Lei nº 13.105, de 16 de março de 2015 (Código de Processo Civil).'

CAPÍTULO III-A
DO PROCESSO DE JURISDIÇÃO VOLUNTÁRIA
PARA HOMOLOGAÇÃO DE ACORDO EXTRAJUDICIAL

'Art. 855-B. O processo de homologação de acordo extrajudicial terá início por petição conjunta, sendo obrigatória a representação das partes por advogado.

§1º As partes não poderão ser representadas por advogado comum.

§2º Faculta-se ao trabalhador ser assistido pelo advogado do sindicato de sua categoria.'

'Art. 855-C. O disposto neste Capítulo não prejudica o prazo estabelecido no §6º do art. 477 desta Consolidação e não afasta a aplicação da multa prevista no §8º art. 477 desta Consolidação.'

'Art. 855-D. No prazo de quinze dias a contar da distribuição da petição, o juiz analisará o acordo, designará audiência se entender necessário e proferirá sentença.'

'Art. 855-E. A petição de homologação de acordo extrajudicial suspende o prazo prescricional da ação quanto aos direitos nela especificados.

Parágrafo único. O prazo prescricional voltará a fluir no dia útil seguinte ao do trânsito em julgado da decisão que negar a homologação do acordo.'"

"Art. 876............................................

Parágrafo único. A Justiça do Trabalho executará, de ofício, as contribuições sociais previstas na alínea *a* do inciso I e no inciso II do **caput** do art. 195 da Constituição Federal, e seus acréscimos legais, relativas ao objeto da condenação constante das sentenças que proferir e dos acordos que homologar." (NR)

"Art. 878. A execução será promovida pelas partes, permitida a execução de ofício pelo juiz ou pelo Presidente do Tribunal apenas nos casos em que as partes não estiverem representadas por advogado.

Parágrafo único. (Revogado)." (NR)

"Art. 879............................................

..................................................................

§2º Elaborada a conta e tornada líquida, o juízo deverá abrir às partes prazo comum de oito dias para impugnação fundamentada com a indicação dos itens e valores objeto da discordância, sob pena de preclusão.

..................................................

§7º A atualização dos créditos decorrentes de condenação judicial será feita pela Taxa Referencial (TR), divulgada pelo Banco Central do Brasil, conforme a Lei nº 8.177, de 1º de março de 1991." (NR)

"Art. 882. O executado que não pagar a importância reclamada poderá garantir a execução mediante depósito da quantia correspondente, atualizada e acrescida das despesas processuais, apresentação de seguro-garantia judicial ou nomeação de bens à penhora, observada a ordem preferencial estabelecida no art. 835 da Lei nº 13.105, de 16 de março de 2015 – Código de Processo Civil." (NR)

"Art. 883-A. A decisão judicial transitada em julgado somente poderá ser levada a protesto, gerar inscrição do nome do executado em órgãos de proteção ao crédito ou no Banco Nacional de Devedores Trabalhistas (BNDT), nos termos da lei, depois de transcorrido o prazo de quarenta e cinco dias a contar da citação do executado, se não houver garantia do juízo."

"Art. 884..............................................

..................................................

§6º A exigência da garantia ou penhora não se aplica às entidades filantrópicas e/ou àqueles que compõem ou compuseram a diretoria dessas instituições." (NR)

"Art. 896..............................................

§1º-A..................................................

..................................................

IV – transcrever na peça recursal, no caso de suscitar preliminar de nulidade de julgado por negativa de prestação jurisdicional, o trecho dos embargos declaratórios em que foi pedido o pronunciamento do tribunal sobre questão veiculada no recurso ordinário e o trecho da decisão regional que rejeitou os embargos quanto ao pedido, para cotejo e verificação, de plano, da ocorrência da omissão.

..................................................

§3º (Revogado).
§4º (Revogado).
§5º (Revogado).
§6º (Revogado).

..................................................

§14. O relator do recurso de revista poderá denegar-lhe seguimento, em decisão monocrática, nas hipóteses de intempestividade, deserção, irregularidade de representação ou de ausência de qualquer outro pressuposto extrínseco ou intrínseco de admissibilidade." (NR)

"Art. 896-A..........................................

§1º São indicadores de transcendência, entre outros:
I – econômica, o elevado valor da causa;
II – política, o desrespeito da instância recorrida à jurisprudência sumulada do Tribunal Superior do Trabalho ou do Supremo Tribunal Federal;
III – social, a postulação, por reclamante-recorrente, de direito social constitucionalmente assegurado;
IV – jurídica, a existência de questão nova em torno da interpretação da legislação trabalhista.

§2º Poderá o relator, monocraticamente, denegar seguimento ao recurso de revista que não demonstrar transcendência, cabendo agravo desta decisão para o colegiado.

§3º Em relação ao recurso que o relator considerou não ter transcendência, o recorrente poderá realizar sustentação oral sobre a questão da transcendência, durante cinco minutos em sessão.

§4º Mantido o voto do relator quanto à não transcendência do recurso, será lavrado acórdão com fundamentação sucinta, que constituirá decisão irrecorrível no âmbito do tribunal.

§5º É irrecorrível a decisão monocrática do relator que, em agravo de instrumento em recurso de revista, considerar ausente a transcendência da matéria.

§6º O juízo de admissibilidade do recurso de revista exercido pela Presidência dos Tribunais Regionais do Trabalho limita-se à análise dos pressupostos intrínsecos e extrínsecos do apelo, não abrangendo o critério da transcendência das questões nele veiculadas." (NR)

"Art. 899............................................
..................................................
§4º O depósito recursal será feito em conta vinculada ao juízo e corrigido com os mesmos índices da poupança.
§5º (Revogado).
..................................................
§9º O valor do depósito recursal será reduzido pela metade para entidades sem fins lucrativos, empregadores domésticos, microempreendedores individuais, microempresas e empresas de pequeno porte.
§10. São isentos do depósito recursal os beneficiários da justiça gratuita, as entidades filantrópicas e as empresas em recuperação judicial.
§11. O depósito recursal poderá ser substituído por fiança bancária ou seguro garantia judicial." (NR)
Art. 2º A Lei nº 6.019, de 3 de janeiro de 1974, passa a vigorar com as seguintes alterações:
"Art. 4º-A. Considera-se prestação de serviços a terceiros a transferência feita pela contratante da execução de quaisquer de suas atividades, inclusive sua atividade principal, à pessoa jurídica de direito privado prestadora de serviços que possua capacidade econômica compatível com a sua execução.
.................................................." (NR)
"Art. 4º-C. São asseguradas aos empregados da empresa prestadora de serviços a que se refere o art. 4º-A desta Lei, quando e enquanto os serviços, que podem ser de qualquer uma das atividades da contratante, forem executados nas dependências da tomadora, as mesmas condições:
I – relativas a:
a) alimentação garantida aos empregados da contratante, quando oferecida em refeitórios;
b) direito de utilizar os serviços de transporte;
c) atendimento médico ou ambulatorial existente nas dependências da contratante ou local por ela designado;
d) treinamento adequado, fornecido pela contratada, quando a atividade o exigir.

II – sanitárias, de medidas de proteção à saúde e de segurança no trabalho e de instalações adequadas à prestação do serviço.
§1º Contratante e contratada poderão estabelecer, se assim entenderem, que os empregados da contratada farão jus a salário equivalente ao pago aos empregados da contratante, além de outros direitos não previstos neste artigo.
§2º Nos contratos que impliquem mobilização de empregados da contratada em número igual ou superior a 20% (vinte por cento) dos empregados da contratante, esta poderá disponibilizar aos empregados da contratada os serviços de alimentação e atendimento ambulatorial em outros locais apropriados e com igual padrão de atendimento, com vistas a manter o pleno funcionamento dos serviços existentes."
"Art. 5º-A. Contratante é a pessoa física ou jurídica que celebra contrato com empresa de prestação de serviços relacionados a quaisquer de suas atividades, inclusive sua atividade principal.
.................................................." (NR)
"Art. 5º-C. Não pode figurar como contratada, nos termos do art. 4º-A desta Lei, a pessoa jurídica cujos titulares ou sócios tenham, nos últimos dezoito meses, prestado serviços à contratante na qualidade de empregado ou trabalhador sem vínculo empregatício, exceto se os referidos titulares ou sócios forem aposentados.
"Art. 5º-D. O empregado que for demitido não poderá prestar serviços para esta mesma empresa na qualidade de empregado de empresa prestadora de serviços antes do decurso de prazo de dezoito meses, contados a partir da demissão do empregado."
Art. 3º O art. 20 da Lei nº 8.036, de 11 de maio de 1990, passa a vigorar acrescido do seguinte inciso I-A:
"Art. 20..............................................
I-A – extinção do contrato de trabalho prevista no art. 484-A da Consolidação das Leis do Trabalho (CLT), aprovada pelo Decreto-Lei nº 5.452, de 1º de maio de 1943;
.................................................." (NR)

Art. 4º O art. 28 da Lei nº 8.212, de 24 de julho de 1991, passa a vigorar com as seguintes alterações:

"Art. 28............................................

............................................................

§8º (Revogado).
a) (revogada);

............................................................

§9º..........................................................

............................................................

h) as diárias para viagens;

............................................................

q) o valor relativo à assistência prestada por serviço médico ou odontológico, próprio da empresa ou por ela conveniado, inclusive o reembolso de despesas com medicamentos, óculos, aparelhos ortopédicos, próteses, órteses, despesas médico-hospitalares e outras similares;

............................................................

z) os prêmios e os abonos.

............................................................" (NR)

Art. 5º Revogam-se:

I – os seguintes dispositivos da Consolidação das Leis do Trabalho (CLT), aprovada pelo Decreto-Lei nº 5.452, de 1º de maio de 1943:

a) §3º do art. 58;
b) §4º do art. 59;
c) art. 84;
d) art. 86;
e) art. 130-A;
f) §2º do art. 134;
g) §3º do art. 143;
h) parágrafo único do art. 372;
i) art. 384;
j) §§1º, 3º e 7º do art. 477;
k) art. 601;
l) art. 604;
m) art. 792;
n) parágrafo único do art. 878;
o) §§3º, 4º, 5º e 6º do art. 896;
p) §5º do art. 899;

II – a alínea *a* do §8º do art. 28 da Lei nº 8.212, de 24 de julho de 1991;

III – o art. 2º da Medida Provisória nº 2.226, de 4 de setembro de 2001.

Art. 6º Esta Lei entra em vigor após decorridos cento e vinte dias de sua publicação oficial.

Brasília, 13 de julho de 2017; 196º da Independência e 129º da República.

MICHEL TEMER
*Torquato Jardim Ronaldo Nogueira de Oliveira*